Stallschwalben

Für Johannes und Paulina

Inhalt

5 Vorwort
7 Stallschwalben
11 Hypothekenburg
20 Kinderängste
27 Oma
36 Erster Schultag
46 Susebill tut, was sie will
51 Schulweg
60 Wir haben alle alles überlebt
68 Der Wert einer Baumwiese
75 Die Schluchtenbäuerin
82 Waldtage
93 Vier Töchter
103 Milchhäusle
108 Haustürgeschäfte
119 Ohne Beruf
129 Im Schatten der Weltgeschichte
137 Regentage
144 Nachbarn
156 Schlachtvieh
167 Kirschen Sommer 1982
174 Plötzlich war es ganz still
181 Angesichts des Lebens

Dank

Vorwort

„Man sollte nie vergessen, wo man herkommt" – das war ein viel zitierter Rat meiner Mutter: Ich mochte ihn nicht leiden, denn er kam immer als Kritik. Er kam, wenn ich gegen die bäuerlichen Tugenden wie Sparsamkeit und Fleiß rebellierte oder Wünsche äußerte, die unsere finanziellen Verhältnisse überstiegen. Er kam auch, wenn ich die Freundinnen beneidete, die zu Hause nicht mithelfen mussten, die bei schönem Wetter ins Freibad gingen und die in den großen Ferien mit ihren Eltern in den Urlaub fuhren.

Die Idee, darüber zu schreiben, wurde geboren, als mir bewusst wurde, wie sehr sich mein Nebenher-Großwerden auf dem Bauernhof unterschied von dem Aufwachsen gleichaltriger Freundinnen. Ein Jahrzehnt später wurde der Wunsch stärker, etwas über diese Zeit festzuhalten, als ich in Gesprächen mit meiner jüngsten Schwester bemerkte, wie viel sich in diesem kurzen Zeitraum verändert hatte. So hat sie den monatlichen großen Waschtag oder die Handarbeiten bei der Zuckerrübenernte schon nicht mehr miterlebt.

Und erst recht ist das Leben meiner Kinder heute ganz anders: Sie sprechen mehrere Sprachen fließend, bewegen sich mit großer Selbstverständlichkeit in fremden Ländern und stehen rund um die Uhr mit ihren Freunden auf der ganzen Welt per Internet in Verbindung. Auf ihrer Arbeitsliste ist neben Rasenmähen und Spülmaschine-Ausräumen nichts geblieben. Kein Holz für den Küchenherd, keine Rüben für die Kühe, kein Ferkelhüten unter der Rotlichtlampe. Was für ein Unterschied zu meinem Aufwachsen damals mit den seltenen Familienausflügen auf die Baumwiese und meinen Träumen, wenigstens einmal mit den Zugvögeln gen Süden zu ziehen.

Den entscheidenden Impuls gaben die widersprüchlichen Bilder in den Medien: glückliche Tiere auf der Wiese oder tierquälerische Massentierhaltung, eine behütete Kindheit inmitten einer Großfamilie oder harte Kindheit, geprägt von der Mitarbeit im Stall und auf dem Feld.

All das festigte in mir den Wunsch, diesen Bildern vom Leben auf den Höfen ein eigenes, von meinem Erleben geprägtes Bild entgegenzusetzen. Die Entscheidung, mich zuerst mit anderen Bauerntöchtern aus meiner Generation darüber auszutauschen, war die beste meines Lebens. Daraus entstanden neben drei Bauerntöchterbänden die Freundschaften zu 70 Frauen in ganz Deutschland. Sieben weitere Bücher mit den Geschichten von Bauernsöhnen, Bauern und Bäuerinnen schlossen sich an. Mit ihren Geschichten beschreiben sie ein buntes Bild jenseits von Romantik und Verteufelung: vom Alltag auf den Bauernhöfen mit all seinen schönen und harten Seiten. Und sie beschreiben, was sie von dort mitgenommen haben, was sie stark gemacht hat für das Leben.

Nach kindlichem Hadern und jugendlicher Rebellion bin ich heute stolz eine Bauerntochter zu sein und erzähle gerne, wo ich herkomme.

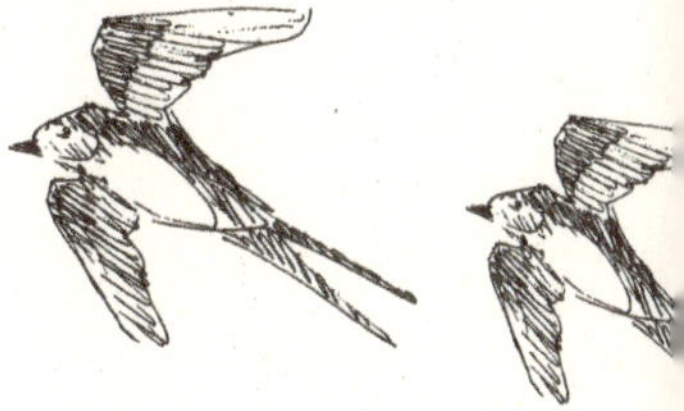

Stallschwalben

Nie wäre mir der Tag entgangen, an dem die Schwalben unseren Stall verließen. Schon an den Nachmittagen zuvor waren sie aufgeregt hin und her geflogen, hatten im Garten über den leuchtend gelben Sonnenblumen ihre Runden gezogen und kamen manchmal sogar zwischen den hochragenden Buschrosendolden hervorgeschossen, um in der schräg stehenden Septembersonne nach Fliegen zu schnappen.

Auf der Stromleitung wurden es immer mehr. Während der Sommer mit farbenfrohem Finale den Herbst begrüßte, riefen die Schwalben zum Aufbruch. Ihr „wip wip"-Gezwitscher, das viele Sommertage mit seinen Melodien untermalt hatte, war jetzt lauter, aufgeregter und ohne Melodie. Jung und Alt, Schwalbeneltern und ihre Jungen, die im Laufe des Sommers hier geschlüpft waren, gefüttert wurden und das Fliegen gelernt hatten, versammelten sich, um aufzubrechen in eine ferne fremde Welt.

Wie habe ich sie beneidet um das, was sie in der Zwischenzeit erleben würden, bis sie im Frühjahr wieder zurückkämen. Einfach aufzubrechen und für ein paar Monate was ganz anderes sehen und erleben, das erschien mir ebenso sehnsuchtsvoll wie unerreichbar. Nach Afrika würden sie fliegen, wo es Wärme und ausreichend Fliegen gab, während bei uns wegen der Kälte die Stallfenster geschlossen blieben.

Afrika war fern, unendlich fern und fremd. Außer unseren Schwalben kannte ich niemanden, der jemals dort war. Ob es dort wohl auch Kinder gab, die auf sie warteten? Und dann fühlte ich mich diesen Kindern sehr nahe – es waren ja unsere gemeinsamen Schwalben.

Jedes Frühjahr dasselbe Ritual: Die ersten Schneeglöckchen, die tapfer ihre weißen Blüten zwischen den verharschten Schneeresten der noch kraftlosen Februarsonne entgegenhielten, waren die ersten Anzeichen, dass die Tage gezählt waren, an denen in der guten Stube das halbfertig zusammengesetzte Puzzle auf dem Backbrett unter dem Buffet auf den nächsten Familienspieleabend wartete. Bald schon würde die Heizung im Wohnzimmer abgedreht, die Spiele im geheimnisvollen Weihnachtsschrank oben in der Kammer verschwinden, um dort auf den nächsten Heiligabend zu warten. Die Schneeglöckchen läuteten den Beginn des Endes ein, die Krokusse verstärkten das Geläute und mit den Osterglocken war es nicht mehr zu überhören: Die gemütlichen Wintertage waren unwiderruflich vorbei. Jetzt fingen sie wieder an, die langen Tage mit all der Arbeit draußen, die nie aufhörte bis zum nächsten Frost.

Sicher waren die Schwalben auch schon längst auf dem Weg. Ob sie sich wohl aufs Heimkommen freuten? Wo sie wohl in Afrika gewohnt hatten? Und tatsächlich! Spätestens, wenn die Märzveilchen blühten, kam auch immer von irgendwoher die Nachricht, dass die ersten Schwalben gesehen worden seien. Sofort wurden im Stall die dickwandigen Milchglasscheiben bis zum äußersten Rand der

Plastikhalterung gekippt, um unseren Sommerbewohnern die Einflugschneise zu ihren Nestern freizugeben. Und wie immer dauerte es nicht lange, bis aufgeregtes Gezwitscher im Stall zu hören war. Drei Nester gab es. Vater hatte dafür extra kleine Brettchen an die Balken über den Schweinebuchten genagelt.

Zuerst kamen die Männchen, flogen ihre Runden: im Stall über die wiederkäuenden Kühe, etwas höher über die Schweinebuchten, um von dort in einer exakten S-Linie durch das gekippte Fenster ins Freie zu fliegen, in größeren Runden über die braunen Gartenbeete, wo die letzten Ackersalatröschen in die Höhe schossen und die ersten Radieschen ihr Grün aus dem Boden spitzten, und dann über die Dächer. So, als ob sie nachschauen wollten, ob hier noch alles in Ordnung sei. Ob ihnen ihre alte Heimat auch für diesen Sommer wieder eine Kinderstube bieten könnte, mit Kühen, Schweinen und Fliegen in den Ställen, mit Bauern, die ihnen die Fenster öffneten und Bretter an die Balken unter das Dach nagelten, und Kindern, die auf sie warteten.

Nur wenige Tage später kamen die Weibchen an, und es war ein fröhliches Gezwitscher im Stall. Wiedersehensfreude und sogleich emsiges Arbeiten. Dort, wo die Traktorreifen auf dem Erdweg hinter dem Haus ihre Spur in den Schlamm gewalzt hatten, fanden die Schwalbenweibchen ihr perfektes Baumaterial: Mit den Grashalmen von den Pfützenrändern im Schnabel flogen sie wie Pfeile hin und her und flickten ihr Nest, wo es über den Winter etwas abgebröselt war.

Mutter, unterm Dach ist ein Nest dort gebaut!
Schau, schau, schau, ja schau!
Dort hat der Dompfaff ein Pärchen getraut!
Trau, trau, trau, ja trau!

Da sieh nur, wie glücklich die beiden sind.
Sie fliegen hin und her, sie fliegen hin und her.
Ach, Mutter, ach wär ich ein Schwalbenkind.
Wie schön, wie schön das wär, das wär!

Heintjes klare Stimme, mit der er das Lied viele Male aus dem Grundig-Radio, an dem man angeblich wegen Altersschwäche nicht mehr am Senderknopf drehen durfte, schmetterte in meinem Kopf weiter, wenn ich die Schwalben beim Hin- und Herfliegen beobachtete. „Ach, Mutter, ach wär ich ein Schwalbenkind. Wie schön, wie schön das wär, das wär!" Ja genau, damit traf Heintje, der sicher noch nie in einem Stall Scheiße geschoben hatte, mitten ins Herz. Die Schwalben faszinierten mich: Ein Nest zu haben, von den Eltern umsorgt zu werden und schon bald ermuntert, diese Flügel zu nutzen, um in die Welt zu fliegen. Die Sehnsucht wegzufliegen schien schon früh in mir zu keimen. Ich liebte sie, diese Gegensätze von Bodenhaftung und Höhenflügen, Geborgenheit und Aufbruch, Wurzeln und Flügeln.

Waren es die ungelebten Träume meiner Mutter, die in mir weiterkeimten und in meinem ganzen Leben nie mehr unterdrückt werden konnten? Sie war mit Leib und Seele Bäuerin. „Großer Gott, wir loben dich" auf dem Traktor und „Geh aus mein Herz und suche Freud" im Stall auf dem Schemel bei den Kühen. Und trotzdem gab es darunter verschüttete Wünsche, über die sie nur selten sprach. Wie sehr hatte sie sich gewünscht, auf eine höhere Schule gehen zu dürfen. Der Lehrer hatte die Eltern drum gebeten. Wenigstens ein Instrument wollte sie erlernen, um ihre Welt mit Musik zu füllen. Aber mit „du heiratest ja doch" war ihr Weg vorgegeben, der dann fern von Fremdsprachen und Klavierunterricht verlaufen sollte.

Hypothekenburg

Fotos in meinem Album. Schwarz-Weiß mit gezacktem Rand. Auf dem Foto Vater und Mutter auf Holzbrettern stehend, die wohl zum Loch in der frisch gemauerten Wand hochführen, das später die Haustür im Wohnhaus unseres Aussiedlerhofes werden soll. Vater in festlichem Anzug mit weißem Hemd und Krawatte. Mutter in einem Wollmantel, beide mit frisch eingewichsten Lederschuhen. Stolz sehen sie aus! Wie auf einem Laufsteg zum Ziel ihrer Träume. Dieses Ziel nimmt im Hintergrund schon Konturen an: Das Küchenfenster – von dem aus Mutter später unzählige Male ihren Blick über den Hof schweifen lassen wird, um zu sehen, wer auf den Hof fährt, ob der Traktor mit der nächsten Fuhre in der Anfahrt ist oder ob wir Kinder auch keinen Blödsinn machen – ist noch mit einer Plastikplane abgeklebt. Davor sieht man Haufen mit Sand und Steinen; an das Holzgerüst der Scheune im Hintergrund sind Bretter gelehnt.

Auf dem Foto daneben, ein gutes Jahr später und in der Zwischenzeit am Ziel der Träume angekommen, sieht man Vater, Mutter mit Dorothea und mir. Wir stehen vor der Haustür unseres frisch bezogenen Aussiedlerhofes. Der Hof noch unbefestigt, lange Holzdielen liegen als Steg über der aufgewühlten matschigen Erde bis zu den Treppenstufen, die zur Haustür führen. Vor der Tür stehen mein Vater im dunklen Anzug mit weißem Hemd und Krawatte, meine Mutter in handgewebtem Rock mit passender Kurzjacke und weißer Bluse. Dorothea und ich in gleichen Kleidern, dunklen Kleidchen mit Krägchen, vorne in der Mitte ein Rüschenbesatz mit glänzenden Knöpfen und selbstverständlich darüber Schürzen. Weiße Sonntagsschürzen mit Blumenmuster darauf. Es ist dasselbe Blumenmuster wie auf den Bettüberzügen. Ein idyllisches Familienbild, fast schon typisch: Eltern mit zwei Kindern vor neu gebautem Haus, Ziel eines Traumes und gleichzeitig am Start einer Zeit voller Arbeit und Geldnot.

Wieder und wieder musste uns Mutter die Geschichte erzählen: von der harten Arbeit der beiden Jahre des Bauens, alles in Handarbeit ganz ohne Kran; davon, wie Stein für Stein von Hand in einer Menschenkette weitergegeben wurde; wie viele mitgeholfen haben: Verwandte, Freunde und Nachbarn; vom Jeden-Pfennig-dreimal-Umdrehen in dieser Zeit und den vielen kleinen Entscheidungen; davon, wie sich das Pfennigumdrehen am Ende gelohnt hat und wie sogar noch Geld übrig war, damit im oberen Stockwerk noch Flur und ein Zimmer mit Parkett ausgelegt werden konnten, obwohl das erst später hätte ausgebaut werden sollen. Sie erzählte, wie neben der Arbeit im Stall, auf dem Feld und in den Weinbergen jede freie Minute auf dem Bau verbracht wurde, wie Onkel Schorsch, der als Maurer beim Suppen-Knorr in Heilbronn arbeitete, jeden Samstag kam, um hier den Oberbefehl zu übernehmen, und wie er immer wieder stolz Besucher über

„seine Baustelle" führte; wie Dorothea und ich oft bei Oma oder Tante Elsa abgegeben wurden, damit Mutter die Hände frei hatte. Oma gab der Kindergärtnerin Tante Luise manchmal 50 Pfennig und wir durften einen Nachmittag dafür in den Kindergarten gehen, damit Oma ihre Hände frei hatte. Ich fand es abenteuerlich und ging gerne hin, obwohl alle Kinder die Hälfte des Mittags still auf ihren Liegen verbrachten und Mittagsschlaf machen sollten.

Die Entscheidung für einen Antrag auf Aussiedlung war leicht gefallen. Die Eltern waren sich einig: Sie wollten Bauern bleiben. Um jeden Preis! Nie wäre ihnen in den Sinn gekommen, zum Arbeiten zu gehen, zur Druckerei Kohl oder zur Nähgarnfabrik Amann, wie viele andere jüngere Bauern im Dorf. Ein Dach über dem Kopf, eine geregelte Arbeitszeit, Feierabend und den Lohn am Wochenende in der Tüte, das schien damals für viele das Bessere zu sein. Vor allem einen Lohn, der nicht mehr von Frost, Mehltau und Hagel abhing. Das war verlockend.

Nach Sicco Mansholt, dem damaligen EG-Agrarkommissar, war der Siegel'sche Hof noch nicht einmal der Rede wert. Er gehörte in den 1960er Jahren zu den vier Millionen Betrieben, die nach seiner Meinung aufgeben sollten, um den restlichen zum Überleben zu helfen. Übrig bleiben sollten Betriebe mit mindestens 80 ha Land oder 60 Kühen. In den Realteilungsgebieten Süddeutschlands, in denen die Höfe Generation um Generation unter allen Kindern aufgeteilt wurden und wo deren höchstens 10 ha Fläche in unzählige Parzellen mit der sprichwörtlichen Handtuchbreite verteilt waren, war der Mansholtplan so weit jenseits jeglicher Vorstellungskraft, dass man ihn unter den Bauern nicht ernst nahm und die Diskussion den Studenten überließ, die nichts Besseres zu tun hatten, als ihre Zeit mit derlei Unsinn totzuschlagen.

Vier Kühe standen im alten Siegel'schen Stall, die Kälber dahinter im Gang. In der Mauer zwischen Kuhstall und Scheune waren oben an der Decke einfach ein paar Backsteine ausgespart, sodass die Glühbirne mit ihrem spärlichen Licht beide Räume so weit erhellen konnte, dass man das Notwendigste sehen konnte. Notwendig war nicht viel. Die Handgriffe saßen im Schlaf. Misten, melken, füttern. Auch tagsüber war es dunkel im Stall. Menschen und Tiere hatten sich daran gewöhnt. Es ging allen so. Die Tiere waren angekettet im Stall, 365 Tage im Jahr, die Menschen waren angekettet an ihre Tiere – ebenfalls 365 Tage im Jahr. Ohne auch nur einen Tag frei.

Am Tag ließ ein kleines Fenster ein wenig Licht in den Stall. Dieser lag immer im Schatten des Nachbarhauses, das Mauer an Mauer gebaut war. Im engen Durchgang dazwischen verirrten sich eher Kinder beim Versteckspiel als Sonnenstrahlen, die den Stall wenigstens stundenweise hätten freundlicher erscheinen lassen. Diese engen Durchgänge, dieses Eingeklemmt-Sein zwischen Nachbarhäusern und -ställen, führten letztlich zur Entscheidung, die Hofstelle hier aufzugeben und an anderer Stelle neu zu erbauen.

An der Grenze der Gemarkung wurde die räumliche Enge auf der alten Hofstelle eingetauscht gegen finanzielles Eingeklemmt-Sein auf der neuen Hofstelle. Aber darüber wurde nie geklagt. Stattdessen wurde gespart. An Kaffeebohnen und Butter unter der Woche, das gab es nur sonntags, an Klopapier, Spülmittel, Badewasser, Strom, an Kleidung – so trug Mutter auf allen Fotos ihren handgewebten Rock. Das wenige, was gekauft wurde, musste von bleibendem Wert sein. Damit schied auch jeglicher modische Firlefanz aus. Als billige Fetzen aus der Stadt wurden unsere Lieblingsteile aus dem Witt Weiden Katalog, den wir hin und her geblättert hatten, dass die jeweiligen Seiten sich schon von alleine aufschlugen, barsch abgetan und wir könnten uns nicht leisten, billig einzukaufen, war die Erklärung dafür. Also bekam ich nicht den ersehnten Badeanzug, sondern ein Dirndl. Und Mutter trug nach dieser Ausgabe ihren handgewebten Rock ins nächste Jahrzehnt. Gebadet wurde weiterhin im aufgestauten Bach mit geblümter Unterhose.

Und sie waren stolz auf den neuen Hof. Nach dem Einheitsplan der Landsiedlung, mit zinsverbilligtem Darlehen und viel Eternit, war alles unter einem Dach praktisch untergebracht. Es gab nur zwei Türen zwischen dem Kuhstall und der Küche. Im Kuhstall standen zehn Kühe nebeneinander und 40 Mastschweine grunzten in ihren Buchten dahinter. Damit war der Tierbestand gegenüber dem alten Stall im Dorf um mehr als das Doppelte gestiegen. Mit ihm auch die Arbeit. Denn anstelle von vier Kühen mussten nun eben zehn gefüttert und gemolken werden. Noch immer 365 Tage im Jahr morgens und abends und noch immer von Hand. Denn nach dem Bauen war das Konto leer und erst nach und nach, so wie mit dem Verkauf von Milch, Schlachtvieh, Getreide und Trauben Geld reinkam, wurde weiter investiert. Zuerst in die Melkmaschine, die die Kühe gar nicht mochten – was zu jeder Melkzeit in einem Geschrei endete. Aus Lotte, Olga, Marga und wie sie alle hießen wurden unisono „Schindmähren", die sich mit Tritten gegen das Melkzeug und mit Schwanzwedeln gegen den Melker und all die teuflischen technischen Neuerungen zur Wehr setzten.

Danach kam ein Traktor mit Zapfwelle – unser Fendt-Geräteträger – mit einer Ladepritsche über der Vorderachse. *Fendt-Einmannsystem* stand in Großbuchstaben auf einem kleinen Blechschild, das vorne auf dem Schlag der Pritsche angebracht war, dahinter ein Mann mit weißem Hemd, aufgekrempelten Ärmeln und weit ausgebreiteten Armen, die die Buchstaben FENDT-EINMANNSYSTEM fast umfassen konnten. Es folgten die Maschinen für dieses Einmannsystem. Wobei keine Maschine dieser Welt unser Mann-Frau-Kinder-System ersetzen konnte.

Und noch lange Zeit gab es kein Auto. Wozu auch? Alles ließ sich genauso gut mit dem Traktor erledigen. Zeit für Fahrten, die uns außerhalb des Traktorradius hätten führen können, gab es ohnehin nicht.

Wenigstens der Misthaufen war hinter den Stall gewandert und somit außerhalb der geruchsübertragenden Nähe zum Wohnhaus. Eigentlich hatte das Wohnhaus vieles von dem, was die neu gebauten Einfamilienhäuser in den Siedlungen der Dörfer auch hatten: ein Badezimmer, eine Zentralheizung und sogar einen Rasen ums Haus. Nur eben sparsamkeitshalber unter der Woche kein warmes Wasser. Weder fürs Baden noch für die Heizung. Und so blieb es dabei, dass im Winter nur Küche und Esszimmer warm waren und die Tür zum Wohnzimmer fest geschlossen blieb. Auch das Kinderzimmer blieb unbeheizt und wurde nur zum Schlafen genutzt. Auf dem Rasen sollten wir nicht spielen. Denn er musste zweimal im Laufe des Sommers von Vater mit der Sense gemäht werden und durfte nicht zertrampelt sein.

Auf den Werbefotos für diese Aussiedlerhöfe stand immer ein Liegestuhl auf dem Rasen und eine vierköpfige Familie saß beim Kaffee auf der Terrasse, der Hofhund brav daneben. Einen Liegestuhl hat unser Rasen nie gesehen, da niemand Zeit gehabt hätte, drauf zu liegen, und selbst wenn, wäre zu allen Zeiten dem Bett der Vorzug gegeben worden. Zum einen, weil man darin angeblich besser lag, und zum anderen, weil man dort von niemandem gesehen werden konnte. Kaffee auf der Terrasse gab es auch nicht. Weil es keine Gartenmöbel gab und am Sonntagmittag, der einzigen Zeit, in der – wenn überhaupt – an gemütliches Kaffeetrinken zu denken war, die Sonne auf die Terrasse brannte und sich freiwillig nie jemand der Sonne ausgesetzt hätte. Auch der Hofhund lag tagein, tagaus an der Leine im Hof und niemals im Garten oder auf der Terrasse.

Dort war Hasso auch angeleint, als im Winter die Truppe Bauern, eine Ackerlänge entfernt von ihm, am Herrenwiesenbach entlangarbeitete. Vater hat die Geschichte immer wieder erzählt. Wie in jedem Winter war er mit den Bauern des Dorfes zum Frondienst eingeteilt. Jeder musste ein Pensum an Stunden ableisten. Tags zuvor hatten sie den Feldweg am Galgenberg ausgebessert. Die anhaltende Regenzeit des vorausgegangenen Sommers hatte die Bauern gezwungen, noch bei feuchtem Boden ihr Heu einzufahren. Die Fuhrwerke der beladenen Anhänger hatten tiefe Rinnen in den Wegen hinterlassen, deren tiefste Stellen nun mit Schotter aufgefüllt wurden. Mit Ziegelbruch, den die Bauern von der nahe gelegenen Ziegelei abgeholt hatten. Die Hohle in der Sommerhälde stand noch auf der Arbeitsliste, sie musste von der Überwucherung durch Dornen und Gestrüpp freigehalten werden. Außerdem war das dorfeigene Wäldchen draußen an der Cleebronner Gemarkungsgrenze zu hegen.

Der Fronmeister, ein älterer Mann, der die Gemarkung besser kannte als seine Westentasche, notierte im Laufe des Sommers die Arbeiten, zu denen er dann im arbeitsärmeren Winter die Männer des Dorfes einlud. Es waren wie in jedem Jahr die Bauern, die seiner Einladung Folge leisteten; die anderen Männer kauften sich durch Bezahlung eines Stundensoldes vom Frondienst frei.

An jenem Tag war die Truppe beim Ausputzen des Herrenwiesenbachs, der sich, von Cleebronn kommend, eine Ackerlänge von unserem Hof entfernt nach Botenheim schlängelte und das Dorf in unregelmäßigen Abständen überschwemmte, bevor er im Wiesental bei Meimsheim in die Zaber mündete. Die Bauern waren wie schon tags zuvor mit Hacken, Schaufeln und Sägen ausgestattet am Arbeiten. Die Stimmung war gut. Es gab viel zu erzählen. In der winterlichen Stille waren nur menschliche Stimmen zu hören. Als die Fronarbeiter auf der Höhe unseres Hofes waren, schlug unser Hofhund an. Hasso war beim Schuppen angekettet, lag meist apathisch in seiner Hütte und schlug lediglich mit lautem giftigen Bellen Alarm, sobald ein Fremder auf den Hof fuhr. Die Stimmen, die drüben am Bach entlang näherkamen, herüberschallten und sich durch das Echo des Tales verdoppelten, weckten seinen Bewacherinstinkt. Er kläffte, sein Bellen mischte sich mit den Männerstimmen und hallte zurück bis zum Bach.

Es wurde viel erzählt bei diesen gemeinschaftlichen Arbeitseinsätzen. Wie immer ging es um die Traubengeldabrechnungen, die von der Genossenschaft vierteljährlich ausbezahlt wurden, es ging um die Frostschäden im vorletzten Jahr, die sich auf der letzten Abrechnung erstmalig bemerkt machten, ein Wort gab das andere. Bis sich der Fronmeister unvermittelt und lautstark über den Kläffer von der Hypothekenburg ausließ. Wahrscheinlich hatte er nicht gesehen, dass Vater so nah hinter seinem Rücken arbeitete. Die anderen Bauern taten wohl so, als ob sie es nicht gehört hätten. Aber sie mussten es gehört haben. Hypothekenburg, der Begriff traf meinen Vater damals mitten ins Herz. Auch, weil er so leicht über die Lippen des Fronmeisters kam, so als wäre es ein gepflogener Begriff im Dorf.

Es dauerte Jahre, bis aus dieser Geschichte der verletzende und bittere Unterton verschwand und wir Hasso schmunzelnd zum Bewacher unserer Hypothekenburg erklärten. Er hat dies immer prima gemacht. Zur Belohnung bekam er eine Laufkette, an der er den ganzen Hof überqueren und mit anhaltendem Kläffen dafür sorgen konnte, dass alle Fremden in ihren Autos sitzen blieben, bis sie von uns daraus befreit wurden oder auch nicht. Vom Küchenfenster aus konnte man dies – von Fall zu Fall – entscheiden.

Kinderängste

Wie laut kann eine Uhr ticken? Lauter als später die Düsenjets, die im Tiefflug über unseren Bauernhof jagten, viel lauter. Diese konnte man schon aus weiter Entfernung hören und den zunehmenden Lärm bis hin zum Überschallknall einschätzen. Es half ein kurzes „die Ohren zuhalten", bis der Spuk vorüber war. Das Ticken der Uhr über der Eckbank im Esszimmer hatte kein Ende, wurde immer lauter und drohte mein Trommelfell zu zerreißen.

Mit meinen drei jüngeren Schwestern saß ich im Wohnzimmer, das durch die offen stehende Flügeltür mit dem Esszimmer verbunden war. Die Eltern hatten sich zum Gottesdienst am Altjahrabend verabschiedet. Die Weihnachtsstube war warm und gemütlich, die Kerzen am Weihnachtsbaum schon halb abgebrannt. Die Kerzen erzählten von Heiligabend und den Tagen – vor allem den Abenden – zwischen den Jahren. Von der schönsten Zeit des Jahres, den glücklichsten Tagen meiner Kindheit. Die einzigen Tage, an denen die Gute Stube beheizt und gemütlich warm war, an denen die Hof- und Stallarbeiten auf das Notwendige beschränkt wurden und die Eltern abends nach der

Stallzeit früher ins Haus kamen. Dann wurde im Wohnzimmer gespielt.

Spiele, die nach dem Erscheinungsfest wieder weggeräumt wurden und in einem Schrank darauf warteten, vom Christkind im kommenden Jahr wieder unter den Christbaum gelegt zu werden.

Auch an diesem Silvesterabend wartete ich mit meinen Schwestern auf das Motorengeräusch des Traktors, der die Heimkehr unserer Eltern ankündigen würde. Von allen Traktoren des Dorfes hätte ich unseren an seinem Tuckern unterscheiden können. So oft hatte ich mich schon nach diesem Geräusch gesehnt. Vor Angst gelähmt. Spätestens gegen acht Uhr wollten sie wieder da sein. Nur eine Stunde würde der Gottesdienst dauern. Stattdessen war nur das Heulen des Sturmes zu hören, der um das Haus pfiff. Irgendetwas klapperte gegen die Hauswand – oder gar gegen das Fenster? Je mehr ich mich auf das Klappern konzentrierte, desto überzeugter war ich davon, dass da jemand ums Haus schlich. Ein Einbrecher. Die zugezogenen Vorhänge würden zwar keinen Blick ins Haus ermöglichen, aber wenn es jemand wirklich darauf anlegte, würde er an den Einbuchtungen der Falten einen klitzekleinen Ausschnitt des Sofas sehen können. Exakt die Stelle, auf der ich regungslos saß und kaum zu atmen wagte. Das unerträglichste aller Geräusche kam jedoch von der Esszimmeruhr, deren Minutenzeiger sich nicht von der Stelle rührte, deren Ticken in den Ohren dröhnte und damit alles andere übertönte. War da nicht das Klirren eines Fensters? Oder klopfte jemand an die Tür?

Eigentlich hätte ich – wie so oft – auf meine jüngeren Schwestern aufpassen sollen und mit ihnen spielen, bis die Eltern kamen. Zum Glück spielten sie ganz ohne mich und fühlten sich in der

Obhut ihrer älteren Schwester sicher. Noch nicht einmal meine Anweisung, doch einfach in die Hose zu pinkeln, da ich mich in meinem gelähmten Zustand außerstande sah, sie zur Toilette zu begleiten, ließ die Angst auf sie überspringen.

Endlich, der Traktor fuhr auf den Hof, der Schlüssel drehte sich im Schloss und langsam kehrte das Leben zurück in meine erstarrten Glieder. Meine Mutter, eine begeisterte Kirchenchorsängerin, summte das Lied „Das alte Jahr vergangen ist, wir danken dir, Herr Jesu Christ, dass du uns in großer G'fahr so gnädiglich behüt' dies Jahr". Der Pfarrer habe die Abendmahlfeier ausnahmsweise in den Gottesdienst integriert und damit war die gute halbe Stunde Verspätung ganz einfach begründet.

Der Sturm hatte einen Fensterladen aus seiner Arretierung gelöst und ihn abwechselnd gegen Fenster und Hauswand schlagen lassen, die Uhr tickte wie immer – fast nicht hörbar – und der Minutenzeiger rückte unaufhaltsam vorwärts. Nur die Angst hatte sich tief in mir festgefressen und rührte sich nicht vom Fleck.

Die Angst saß schon lange dort. Meine allerersten Erinnerungen – ich muss gerade mal zwei Jahre alt gewesen sein – sind voll davon. Ich liege in meinem Gitterbettchen im Schlafzimmer meiner Eltern, damals noch in unserem alten Haus in der Dorfmitte. Die Vorhänge sind zugezogen und das ausgesperrte Tageslicht lässt den ganzen Raum in einem fadgelben Dämmerlicht erscheinen. Ich brülle mir die Kehle aus dem Leib. Aber es hilft nicht – ich bin alleine. Die Eltern sind auf dem Feld. Meine Mutter kommt erst zum Kochen in der Mittagszeit oder gegen Abend zur Stallzeit nach Hause. Draußen auf der Straße höre ich Stimmen, halte immer wieder den Atem an, wenn sich auch nur die geringste Hoffnung auftut, dass irgendjemand kommen würde. Wenn ein Auto vor unserem Haus die Geschwindigkeit drosselte – was alle Autos taten, da unser Haus an einer Kurve lag. Ich brüllte weiter, wenn die Hoffnung wieder mal wie eine Luftblase platzte, weil die Stimmen sich vom Haus entfernten oder die Autos wieder beschleunigten. Was auch alle Autos taten, da weder wir noch irgendjemand aus der Verwandtschaft zu der Zeit ein Auto besaßen und damit ohnehin nur Fremde vorbeifuhren. Irgendwann erschöpfte das Weinen so sehr, dass ich wieder einschlief. Meine Mutter würde später sagen, dass es ihr im Herzen wehtat, mich im Bettchen zu Hause zu lassen. Aber, dass die Arbeit auf dem Feld ihr keine andere Wahl ließ. Zum Glück hätte ich immer noch geschlafen, wenn sie nach Hause kam.

Später, wir lebten schon auf unserem Aussiedlerhof, waren es die Mittwochabende, die ich fürchtete. Schon morgens beim Aufstehen versuchte ich den Gedanken an den drohenden Abend zu verdrängen. Mittwochabend war Kirchenchorprobe. Das einzige Vergnügen, das sich meine Eltern leisteten. Wir Kinder gingen schon während der Stallzeit ins Bett. Verzweifelt versuchte ich einzuschlafen, bevor Opa Eiselen mit seinem Traktor auf den Hof fuhr, um die Eltern abzuholen. Es gelang mir kein einziges Mal. Regungslos vor Angst verkroch ich mich unter der Bettdecke und wartete auf das erlösende Motorengeräusch des Traktors.

Während meiner Grundschulzeit musste ich noch nicht viel auf dem Hof mithelfen. Meiner Mutter war es lieber, wenn ich zu Hause bis zum Abend die Küche sauber gemacht und meine jüngeren Schwestern versorgt hatte. Das beinhaltete bei meinen beiden jüngsten Schwestern in der ersten Phase das Wickeln und

Fläschchengeben und später, als sie größer waren, das Abholen vom Kindergarten, was durch den weiten Weg eine nachmittagfüllende Aufgabe war. Aber viel schlimmer als das lange Unterwegssein war das Alleinsein auf dem Hof. Die Einsamkeit unseres Hofes war mir unheimlich. Vom Kinderzimmer aus konnte ich die gesamten zwei Kilometer Weg vom Dorf bis zu unserem Hof überblicken. In kurzen regelmäßigen Abständen überprüfte ich diese Wegstrecke. War niemand zu sehen, war die Gefahr gebannt – so lange, wie ein potenzieller Einbrecher eben benötigt hätte, um vom Dorf bis zu unserer Hofeinfahrt zu gelangen. War ein Fußgänger, ein Fahrradfahrer oder gar ein Auto auf dem Weg, wurde es spannend. Ich blieb am Fenster kleben, um auch wirklich sicher zu sein, dass derjenige am Hof vorbeiging bzw. -fuhr und sich auch wirklich niemand auf unserem Grundstück aufhielt. Vom Kinderzimmerfenster aus flitzte ich dann ins Esszimmer, von wo aus ich den Blick über den weiteren Verlauf des Weges hatte. Erst dann hatte ich auch die Gewissheit, dass niemand umkehrte oder gar über die hintere Einfahrt auf den Hof kam. Richtig schlimm wurde es, wenn es dunkel wurde und die Eltern noch nicht da waren. Da hielt ich es nicht mehr aus. Ich verließ mit meinen Schwestern den Hof, wir hielten uns in Rufweite eines Nachbarhofes auf, um von dort aus zu beobachten, wann bei uns das Stalllicht anging als erlösendes Zeichen, dass die Eltern heimgekommen waren. Es war keine Angst vor etwas Konkretem, sondern eine diffuse Angst. Man hatte uns angewiesen, auf keinen Fall die Türe zu öffnen und niemanden ins Haus zu lassen. Das allein reichte aus, um jeden Spaziergänger als Einbrecher zu verdächtigen. In unserer kindlichen Fantasie erdachten wir uns immer wieder neue Sicherheitsvorkehrungen, um diese vermeintlichen Einbrecher vom Hof abzulenken. Indem wir zum Beispiel alle Fensterläden schlossen und damit den Eindruck zu erwecken suchten, dass niemand zu Hause wäre. Wobei wir uns dann doch nicht so sicher waren, ob nicht gerade dies Einbrecher anlocken würde. Auch unsere Generalprobe, ob uns denn im Ernstfall jemand hören würde, falls wir mal in Lebensgefahr kommen und um Hilfe schreien würden, scheiterte grandios. Wir schrien im Garten aus Leibeskräften um Hilfe und bekamen als einzige Reaktion darauf am Abend eine Standpauke von den Eltern, dass man unser Geschrei sogar in einem etwas entlegeneren Weinberg noch gehört habe, und sie wollten so etwas nie wieder hören, wir seien ja schließlich keine kleinen Kinder mehr!

Neben der Hölle der Angst gab es auch ein Paradies. Dies waren die Stunden, an denen die Mutter zu Hause war. Nicht alleine zu sein, war das Höchste. Am allerschönsten war es, während der Stallzeit hinter den Kühen auf dem Stroh zu sitzen. Während dem Melken erzählte uns Mutter von früher oder wir sangen zusammen Lieder. „Geh aus mein Herz und suche Freud“ mit allen 15 Strophen, so oft, bis wir sie auswendig konnten. „Die Lerche schwingt sich in die Luft, das Täublein fliegt aus seiner Kluft und macht sich in die Wälder; die hochbetagte Nachtigall ergötzt und füllt mit ihrem Schall Berg, Hügel, Tal und Felder, Berg, Hügel, Tal und Felder.“ Das war meine Welt. Und erst recht die Glucke, die ihr Völklein ausführt und das Schwälblein, das die Jungen speist. Das waren Bilder einer heilen Welt, so wie ich sie hier im Stall hinter den Kühen und nah meiner Mutter fand. Die Kühe fressend an den Trögen, die Mutter auf dem Melkschemel sitzend, während die Milch zischend in die Kanne der Melkmaschine floss. Das gleichmäßige Ticken des Pulsators der Melkmaschine, das Plätschern der Milch in der Kanne, das gleichmäßige Kauen der Kühe – Stunden des Geborgenseins, die vollendet wurden durch die Bilder der Lieder, die wir beim Singen auswendig lernten. Auch die Erzählungen der Mutter von früher waren für uns Kinder spannend, nur manchmal ließen sie dunkle Wolken über diese heile Welt aufziehen. Aber diese waren weit, weit weg und lagen in der Vergangenheit. Die Geschichte des frühen Tods ihres Vaters, der es notwendig machte, dass sie und ihre Geschwister nach der Schule zu Hause bleiben mussten, da alle Hände gebraucht wurden, um den Hof zu bewirtschaften. Vom Glück, als zweitjüngstes Kind von insgesamt fünfen geboren zu sein, das es ihr ermöglichte, in einer Tierarztfamilie die Haushaltsführung zu lernen, da die ältere Schwester zu Hause war. Es war für sie eine fremde Welt, dieser Geschäftshaushalt mit weißen Tischdecken, feinem Essen und Kindern, mit denen gespielt und die später bei den Hausaufgaben betreut wurden. Aus dieser Welt wurde sie herausgerissen, als die Patentante an Krebs erkrankte und Hilfe brauchte. Wobei es nicht die Pflege der Schwerkranken war, was für sie so schlimm war, sondern vielmehr die allgegenwärtige Bedrohung durch diese unheilbare Krankheit. Die furchtbaren Nebenwirkungen der Bestrahlungen und Medikamente, die doch nichts brachten. Das Leben mit dem Tod in Sichtweite hat Mutter sehr nachdrücklich geschildert. Monate des langsamen Abschiednehmens, Tage der schlimmen Schmerzen und Stunden des Haderns – mit dem Schicksal, mit dem Leben, mit dem Tod. Mir ist, als hätte sich all dies tief in meine Seele gefressen.

Oma

Omas Stube war urgemütlich und vollgestopft mit allerlei nützlichen Sachen, die sich im Laufe ihres Lebens angesammelt hatten. Vier Stühle um einen Tisch in der Mitte unter der sechsarmigen Deckenlampe, die bei voller Leuchtkraft zu hell war und außerdem viel zu viel Strom verbrauchte, weswegen Oma kurzerhand jede zweite Glühbirne halb rausgedreht hatte. Bei besonderen Anlässen dimmte sie die Helligkeit mit einem Drehgriff hoch und gleich danach, wenn auch wieder weniger Licht reichte, unter Zuhilfenahme ihres Schürzenzipfels zum Schutz vor der Hitze auch wieder runter.

Unter Tisch und Stühlen lag ein ehemals grüner Teppich. Die Farbe ließ sich eher erahnen als sehen: Nur in den hinteren Bereichen, die im vollgestellten Zimmer eh nur durch Zur-Seite-Schieben des Tisches samt Stühlen zu erreichen war, zeigte er sich in seiner ursprünglichen Farbe. An den besonders strapazierten Stellen, also im überwiegenden Teil, war er abgewetzt und längst farblos. Dieser Teppich wurde, sobald im Winter eine geschlossene Schneedecke lag, die Treppe hinunter und hinters

Haus getragen, um dort auf dem schneebedeckten Grasweg ausgeklopft zu werden. Die Oberseite nach unten auf den Schnee gelegt, wurde der Teppich mit einem aus Weiden geflochtenen Teppichklopfer mit Leibeskräften traktiert. Von rechts nach links, von oben nach unten, damit ja keine Stelle unbehandelt blieb. Dann wiederholte sich dieses Prozedere auf der jeweils danebenliegenden, noch unbefleckt weißen Schneefläche so oft, bis der Schnee unter dem ausgeklopften Teppich weiß blieb. Übrig blieben am Ende wie eine Perlenkette aneinandergereihte teppichgroße Druckflächen im Schnee, die im Wegverlauf zum Bach hin in den Farbstufen von Dunkelgrau bis Weiß reichten. Der Teppich war danach wieder wie neu, wie Oma nach solchen Jahresgroßputzaktionen deren Ergebnisse kommentierte. Wie neu waren außer den von Generationen abgetretenen Teppichen nach der Schneereinigung auch die schweren Winterfederbetten nach dem Lüften in der Frühlingssonne und zu meinem großen Bedauern auch mein alter grauer Schulausflugsrucksack mit den Lederriemen nach dem Ausbürsten mit einer Kleiderbürste vor dem Ausflugstag. Die Freundinnen hatten alle schon schicke farbige Rucksäcke.

Bis zur nächsten Teppichschneeklopfaktion wurde der Teppich lediglich mit Kutterschaufel und Kehrwisch, die immer griffbereit am Holzofen lehnten, vom groben Dreck befreit.

Ein Wachstuch, mit längst verblichenem Muster – ehemals blauen Karos mit jeweils unterschiedlichen Blüten darin –, bedeckte die Tischfläche. An Omas Stammplatz, an der langen Tischseite beim Kohleofen, war das Wachs abgescheuert und das Tuch wurde nur noch durch ein farbloses Netzgewebe zusammengehalten. Auf der Tischecke lagen griffbereit der Hundertjährige Bauernkalender, das Kirchenblättle und das Käsblättle, wie sie das Mitteilungsblatt des Dorfes nannte. Aktueller als die Mitteilungen darin waren jedoch die Türen von Milchhäusle, Bäcker, Metzger und der Raiffeisenbank. Dort wurde alles Wichtige angeschlagen. Wichtig war, welcher Bauer eine Kuh notschlachten musste und wann und wo sie ausgehauen wurde. In welcher Garage oder Scheune also die in Familienportionen zerhackte Kuh zum Verkauf angeboten wurde. Wenn jemand gestorben war, läutete zusätzlich um neun Uhr am Morgen das Totenglöckle vom Kirchturm. Schauerlich, traurig und blechern hallte diese einsame Glocke im Vergleich zum Drei-Uhr-Läuten am Samstagnachmittag, bei dem alle Glocken auf dem Turm zusammen halfen, um bis auf die Felder und in den Weinbergen gehört zu werden. Die Samstags-drei-Uhr-Glocken würden die weißen Strumpfhosen einläuten, erklärte uns Oma. Und tatsächlich: Die Glocken läuteten den Sonntag ein, den einzigen Tag in der Woche, an dem wir weiße Strumpfhosen tragen durften.

An Omas Platz hatte der Tisch unter der Tischplatte eine Schublade. Darin lag kreuz und quer verteilt alles Mögliche: ein Kuli, Bleistift mit Radiergummi und Spitzer, ein Küchenmesser, Nussknacker, die abgerissenen Kalenderblätter des Neukirchner Kalenders. Es war immer die Aufgabe der Enkel, den Kalender auf den aktuellen Stand zu bringen. Sommers waren es manchmal die Tageslosungen eines ganzen Monats, die ich auf einmal abreißen durfte und die ungelesen unter die Tischfläche in die Schublade wanderten; ihre unbedruckte Rückseite war wenigstens noch als Konzeptpapier und Einkaufszettel zu gebrauchen.

Unter der Dachschräge in der hinteren Stubenecke stand ein altes Sofa. Viel zu kurz, um sich richtig hinzulegen. Vielleicht lehnte sich Oma deshalb bei ihrem Nickerchen nach dem Mittagessen nur so halb liegend in die mit Kissen aufgepolsterte Ecke und ließ ihre Beine stets auf dem Boden. Ich vermutete den Grund für dieses Im-Sitzen-Schlafen aber eher darin, dass sie damit schneller auf die Beine kam, wenn es vonnöten war. Wenn z. B. ein Traktor vorbeifuhr und sie nicht schon am Motorengeräusch den Fahrer erkannte.

Es waren nur zwei Schritte vom Sofa zum Fenster, aus dem sie den Überblick über die Heidestraße bis hoch zum Talhof und zu den Weinbergen hatte.

Wenn Oma in ihrer Stube war, hatte sie den Vorhang vor dem Fenster immer offen. Dort saß sie mit ihrem Strickzeug und es entging ihr niemand, der am Haus vorbeiging oder -fuhr. Sie hatte mit einem Blick über den Brillenrand die Raiffeisenbank samt angeschlossenem Lagerhaus und die Gefrieranlage des Dorfes im Blick. Ob Sonntagsbraten oder Rattengift – alle mussten sie unter Omas Augen durch. Sämtliche Dorfbewohner kamen mehr oder weniger oft hier vorbei. Kamen sie längere Zeit nicht vorbei, so fiel es Oma auf und das Rätselraten begann. Es wird doch nichts passiert sein!

Hier muss sie auch gesessen haben, als das furchtbare Unglück passierte und der Krankenwagen mit Martinshorn und Blaulicht hoch zum Talhof fuhr. Es war nur ein kurzer Moment, der eine Bauernfamilie ins Unglück stürzte und über das ganze Dorf eine Glocke der Trauer stülpte. Der Vater war mit seinem kleinen Sohn schon startbereit auf dem Traktor, als er nochmals kurz zurück ins Haus lief, weil er was vergessen hatte. Als er zurückkam, war der Traktor eine nahe gelegene Mauer hinuntergestürzt und hatte den kleinen Bub darunter begraben. Martin wurde tot geborgen.

Mutter hatte tagelang rot verweinte Augen, Martins Traueranzeige liegt neben so vielen anderen noch heute in der Familienbibel.

Gegenüber war die Kinderspielecke mit einer kleinen Bank, einem Tischchen und einem Kinderstuhl, ein handgearbeitetes Stück von ihrem Onkel. Er hatte es im Krieg, als man nichts kaufen konnte, selbst gemacht. Das erzählte sie jedes Mal, wenn wir Enkel diese Ecke in Beschlag nahmen. Anna, die Puppe mit dem Häkelpullover, saß immer auf der Kinderbank. Ich hatte den Pullover in der Handarbeitsstunde der Grundschule bei Fräulein Kühner, einer Schulfreundin von Oma, begonnen. Auf dem Heimweg von der Schule ließ ich mein Handarbeitskörbchen immer in weiser Voraussicht gleich bei Oma, in der Hoffnung, bis zur nächsten Stunde dem Ziel der Häkelübung ein Stück näher gekommen zu sein. Die Hoffnung wurde nie enttäuscht und von Fräulein Kühner immer bemerkt. Sie schimpfte aber nie, sondern ließ an Oma Pauline liebe Grüße ausrichten und deren Häkel- und Strickkünste loben.

Am spannendsten war aber Omas Buffet. Es war groß und wuchtig und wirkte durch das fast schwarze Holz und den gedrechselten Seitenpfosten ein wenig vornehm. Im unteren Teil stand das Goldrand-Kaffeeservice. Davon waren im Laufe der Jahre schon so viele Teile zu Bruch gegangen, dass dieses immer mit den Sammeltassen aufgefüllt worden war. Mein Lieblingsgedeck war aus ganz dünnem Porzellan, die Tasse hatte ein Füßchen und war mit einer roten Rose bemalt. Neben gestapelten Tellern und

Tassen wurde das Silberbesteck in einer mit rotem Samt ausgelegten Schachtel aufbewahrt. Das war aber so schwarz angelaufen, dass es nie benutzt wurde und stattdessen die Alltagslöffel aus der Küchenschublade geholt wurden. Im oberen Teil gab es Gläser. Sogar Stilgläser mit eingravierten Trauben drauf. Und die Viertelesgläser mit grünem Henkel. Daneben alles, was von der Bank und der Versicherung an Unterlagen da war. Kontoauszüge in einem Karton neben handbeschriebenen Umschlägen. Einladungen und Trauerkarten. Ansichtskarten wurden in den Rahmen der Glaseinsätze des Buffetaufbaus gesteckt und blieben dort, bis die Farben verblichen waren. Davor stand ein vergrößertes Passfoto meines Opas. Ich habe ihn nicht mehr kennengelernt. Er starb im Jahr meiner Geburt und blieb damit für immer jung in den Erinnerungen.

Es gab bestimmte Tage im Jahr, an denen sich die ganze Familie - fünf Kinder mit ihren Familien, insgesamt 14 Enkel - hier in der Stube traf: zum einen am dritten Weihnachtsfeiertag, dem Tag nach Weihnachten, da gab es immer Weihnachtsbrezeln mit Glühwein. Und zum anderen an Omas Geburtstag am 5. August. Da war es meist brütend heiß, die Fenster weit offen, die Holzläden halb zugezogen und die Männer immer auf dem Sprung und nicht mehr zu halten, wenn das Dröhnen eines Mähdreschermotors nur von Weitem zu hören war.

Wurde die Luft im Sommer zu dick von den vielen Menschen im Raum oder im Winter zu warm vom Feuer im Ofen, öffnete Oma zum Lüften die Zwischentüre zu ihrem Schlafzimmer einen Spalt. Auf der anderen Seite stand der Schlafzimmerschrank davor und ließ nur Platz für diesen Lüftungsspalt. An kalten Winterabenden ließ Oma vor dem Zubettgehen durch diesen Spalt die Ofenwärme in ihr unbeheiztes Schlafzimmer. Die Kupferbettflasche hatte sie schon seit dem Nachmittag auf dem Ofen stehen. Wenn das Wasser darin zu kochen begann, fing die Bettflasche an zu singen und zu tanzen.

Obwohl Opa schon lange tot war, stand sein Bett unberührt an der Seite von Omas Bett. So als ob sie damit rechnete, dass er jederzeit wiederkommen könnte. Öfters durfte ich in diesem Bett schlafen. Ich mochte es, inmitten von dicken Kissen und Decken neben Oma zu liegen in einem Zimmer, das von Modergeruch, einer Mischung aus Zedernholz, Lavendel, Feuchtigkeit vermischt mit einem Hauch von Klo, erfüllt war. Den Nachttopf unter ihrem Bett entleerte sie morgens nach dem Aufstehen einfach aus dem Fenster in die Dachrinne.

In der Küche stellte sie eine Emailleschüssel auf den Terrazzospülstein, ließ etwas Wasser aus dem Wasserhahn reinlaufen und schöpfte noch einen Becher mit warmem Wasser aus dem Schiffchen des Küchenherdes dazu. Da stand sie dann immer im Unterhemd und wusch mit einem Waschlappen, der neben den Geschirrtüchern rechts an der Wand hing, ihr Gesicht, den Hals und die Arme. Danach kämmte sie vor dem kleinen schräg gestellten Spiegel ihre Haare, die langen Haarnadeln zwischen ihre Lippen gepresst, bis sie ihre langen grauen Haare zu einem Zopf geflochten, diesen mit ein paar Haaren aus dem Kamm umwickelt und zu einem Knoten gedreht hatte. Den gedrehten Zopf steckte sie mit diesen Nadeln fest und überzog ihn mit einem Haarnetz. Oma trug immer schwarze dicke Strümpfe, die unter ihrem Rock von einem Straps festgehalten wurden, und eine Schürze über ihrem Rock.

Die unteren Ecken der Schürze waren von uns Kindern gefürchtet. Schon die Handbewegung, mit der Oma nach dem unteren Saum der Schürze griff, ließ uns die Flucht ergreifen oder vorbeugend Mund und Nase mit dem eigenen Ärmel abwischen. Mit dem Schürzenzipfel wurden nämlich Brösel vom Tisch gestreift, heiße Bleche aus dem Backofen geholt, uns Kindern der verschmierte Mund abgewischt und wenn nötig auch die Rotznase geputzt. Alles nacheinander und wiederkehrend, ohne dass die Schürze dazwischen gewaschen wurde.

Dabei war Oma unter ihrer Arbeitsschürze immer gut angezogen. Niemals wäre sie mit Löchern in den Strümpfen oder zerschlissener Unterwäsche aus dem Haus gegangen. Man wisse ja nie, ob man wieder nach Hause kommen würde oder vorher aus irgendwelchen Gründen beim Arzt oder gar im Krankenhaus lande. Mögliche Gründe dafür gab es in Omas Sorgenregister viele. Für all diese Fälle lag vorsorglich auch im Kleiderschrank in ihrem Schlafzimmer immer ein Stapel mit neuer Unterwäsche, neuem Nachthemd, zwei Handtüchern und einem Badetäschchen mit feiner Seife und einem Kamm parat.

Bis weit nach ihrem 80. Geburtstag half uns Oma auf den Feldern oder in den Weinbergen bei den Handarbeiten, wann immer es was zu tun gab. Sie stand schon am Gartentörle und wartete, bis wir endlich vorbeikamen, um sie abzuholen. Die Begrüßung war immer gleich: Wo wir denn so lange geblieben wären und dass alle anderen Bauern schon längst aufs Feld rausgefahren seien. Nach Oma gab es fast nie Daheim-bleib-Wetter. Und selbst wenn Regen einsetzte und der Himmel bis zum Horizont wolkenbehangen war, konstatierte sie mit einer ausladenden Handbewegung, dass es von da hinten schon wieder heller käme. Zu unserem großen Bedauern hatte sie meistens sogar recht. Der Regen ließ wieder nach und wir konnten noch einige Zeilen rauf und runter arbeiten.

Sie kannte sämtliche Wetterregeln, beobachtete bei Tag die Vögel, Wind und Wolken, die Sonnenauf- und Sonnenuntergänge, bei Nacht den zu- und abnehmenden Mond mit und ohne Vorhof und wusste stets, ob der Hundertjährige Bauernkalender mit seiner Vorhersage für diesen Tag recht hatte oder ob er mal wieder danebenlag. Nie wären uns die Eisheiligen im Mai, der Siebenschläfertag am 27. Juni und die Schafskälte in den Wochen davor entgangen. Ebenso wenig wie die Geschichten, die dazugehörten.

Jedes Jahr an Lichtmess, am 2. Februar, beim Rebenschneiden, erzählte Oma dieselben Geschichten aus den Zeiten, als dieser Tag noch das Ende des bäuerlichen Jahres bedeutete und die Knechte und Mägde ihren Lohn bekamen, manchmal nur noch eine klägliche Summe, weil nach all den erbettelten Vorschüssen fast nichts mehr übrig geblieben war. Und so sei das Festessen an diesem Tag oft wichtiger gewesen als der Lohn.

Ich hörte sie gerne, diese Geschichten von früher. Versuchte mich dabei in die Welt meiner Vorfahren hineinzudenken, die Generation um Generation hier an diesem Ort dem Boden ihr täglich Brot abgerungen hatten.

Erster Schultag

Das Bild lügt. Mit einer Schultüte in der Hand und mit einem Gesichtsausdruck, der sich irgendwo zwischen verstört und neugierig einordnen ließe, schaue ich in die Kamera des Fotografen. Die Schultüte allerdings war leer und es war auch nicht meine. Ich hatte keine Schultüte. Niemand hatte eine Schultüte. Der Fotograf hatte sie mitgebracht, damit die Dorfkinder wenigstens auf den Fotos den Anschluss an die Neuerungen dieser Welt behielten und nicht gar zu hinterwäldlerisch vor der Kamera stünden an ihrem großen Tag, dem ersten Schultag. Lange hatte ich ihn erwartet, manchmal gefürchtet.

Einerseits freute ich mich auf die Schule und das Zusammensein mit anderen Mädchen. Meine Mutter mochte die Schule, sie wäre sogar liebend gerne noch länger zur Schule gegangen, deshalb wollte ich auch dorthin, um mit gleichaltrigen Mädchen auf dem Schulhof Gummi zu hüpfen und dazwischen das Schreiben und das Lesen zu lernen. Rechnen hätte es für mich nicht unbedingt gebraucht. Andererseits zogen am erträumten blauen Schulhimmel auch immer wieder dunkle Wolken auf. „Wenn du erst in die

Schule kommst, dann ...", so fingen sie an, die Sätze, mit denen mir die Änderungen prophezeit wurden, die die Schulzeit mit sich bringen würde. Meist waren es schlechte: Dann würde ich es schon lernen, das Stillsitzen, das Gehorchen, das Ordnunghalten und noch einiges andere mehr, all das, was sich im Zeugnis der Grundschule unter der Note „Betragen" wiederfand, dieser ersten Note im Zeugnis, oben in der Mitte, darunter die „Mitarbeit". Wie eine Krone über den restlichen drei Fächern der ersten Klasse – Lesen, Rechnen, Schreiben – standen diese beiden Noten in unseren Zeugnissen.

Mitten in der Woche, an einem Donnerstag, wurde ich eingeschult. Es war die erste Einschulung 1967 im September, nach zwei Kurzschuljahren, wegen der Umstellung des Beginns eines Schuljahres von nach Ostern auf nach den Sommerferien. Bereits Wochen vorher hatte ich alles zusammengetragen, was ich an diesem Tag brauchte: Den braunen schweinsledernen Schulranzen hatte ich schon im April zum Geburtstag bekommen. Er hatte ein Messingsteckschloss in der Mitte der Vorderklappe und verströmte beim Öffnen einen intensiven Ledergeruch. Unauffällig streifte ich jedes Mal mit den Fingern über die weiche Lederinnenseite. Eine Schiefertafel mit Griffel und Schwämmchen hatte ich zu Ostern bekommen. Den Griffelkasten aus Holz mit Schiebedeckel und ein paar Farbstiften von Oma zur Einschulung. Das Wichtigste, das Fahrrad, hatte ich schon lange, damit ich, wenn ich zur Schule komme, sicher fahren könne, um alleine dorthin und wieder heimzukommen.

Zur Ehre des Tages durfte ich mein schönstes Sonntagskleid mit weißen Strumpfhosen anziehen. Ein dunkelblaues Kleid mit weißem Tellerkragen und weißen Besätzen auf den aufgenähten Taschen. Mutter schnitt meinen Pony noch nach, damit ich nicht aussähe wie eine Schleiereule. Trotz größter Mühe musste sie immer wieder nachbessern, bis die Ponyhaarspitzen nur noch die obere Stirnhälfte abdeckten und aussahen, als wären sie um einen aufgesetzten Topf herumgeschnitten worden. Auf dem Klassenbild, vom Fotografen aufgenommen, saß ich in der ersten Reihe neben anderen Mädchen mit Kochhafen-Haarschnitten, dahinter eine Reihe stehender Mädchen und Jungen und in der dritten Reihe die restlichen Jungen auf dem Schwebebalken stehend, ganz außen links daneben Herr Simpfendörfer mit Anzug und Krawatte. Seinen weißen Lehrerkittel hatte er im Klassenzimmer ausgezogen und an die Wandtafel gehängt. Dieses Foto hing später im oberen Flur der Schule in einer Reihe mit all den Erstklässlern der letzten 20 Jahre – alle Fotos gleich: in drei Reihen hintereinander, links außen immer der Lehrer; seit neun Jahren schon Herr Simpfendörfer.

Mutter begleitete mich an diesem Tag ausnahmsweise mit dem Fahrrad auf meinem Schulweg. Ich durfte mein Fahrrad bei Oma, die gegenüber der Schule wohnte, hinterm Haus in der Werkstatt abstellen, einer kühlen dunklen Ecke, wo es immer nach Diesel und Wagenschmiere roch und man aufpassen musste, nirgends mit den Schulkleidern zu streifen. Mutter begleitete mich noch bis zum Schulhoftürle, wo auch andere Mütter ihre Erstklässler verabschiedeten. Allesamt hätten sie keine Zeit gehabt, ihre Kinder durch diesen bedeutungsschweren Vormittag zu begleiten. Sie waren auf dem Weg in den Garten, auf die Felder, in die Weinberge oder wenigstens zur Gemeinschaftsgefrieranlage bei der Raiffeisenbank schräg gegenüber der Schule. Es hätte auch keinen weiteren Grund dafür gegeben, noch da zu bleiben. Das Klassenzimmer kannten die meisten aus ihrer eigenen Schulzeit und die Einschulung verlief ganz unspektakulär: Wir wurden vom Schulleiter, der gleichzeitig die ersten zwei Schuljahre unser Klassenlehrer sein sollte, auf dem Schulhof abgeholt und in unser Klassenzimmer begleitet. Die Tür war schwer und öffnete sich nach außen. Schon unter der Tür schlug einem der Schulgeruch entgegen. Es roch nach Kreide, Staub und Bohnerwachs, obwohl es gar nichts gab, das mit Bohnerwachs hätte behandelt werden können. Der Flur und das Treppenhaus waren mit einem durch schwarze und weiße Steinchen gesprenkelten Terrazzosteinfußboden ausgelegt, die Treppenstufen in der Mitte von Generationen Schülern abgelaufen.

Das Klassenzimmer lag im ersten Stock, wenn man die Treppe hochkam, geradeaus neben dem Lehrerzimmer. Dort wurden die erste und zweite Klasse gemeinsam unterrichtet. Die Sitzordnung sah vor, dass jeweils ein Erst- und ein Zweitklässler nebeneinandersaßen, auf Schulbänken, auf denen auch schon die Eltern und Großeltern gesessen hatten. In drei Reihen waren sie aufgestellt, Bank an Bank hintereinander – die Lehne der Vordersitzer am Tisch der dahinter Sitzenden angeschlossen. Bank und Tisch waren jeweils eine Einheit, auf einem Holzrahmen befestigt und mit Querbrettern zur Fußablage versehen. Die Tischflächen waren geneigt und hatten ganz oben jeweils ein eingelassenes Tintenfass mit einem Klappdeckel.

Zur Begrüßung sangen die Zweitklässler – begleitet von Melodica-Spielern – ein Ständle: „Am Neckar, am Neckar, Do ischt e Jedes gern. Wer d'Heimat hat am Neckar, Der sehnt se net in d'Fern', Juhe! la la la la la la la la, Der sehnt se net in d'Fern'!"

Bei der Sitzeinteilung schlug mal wieder die große Stunde der weit verzweigten Verwandtschaft im Dorf. Mein Bäsle Sybille war ein Jahr älter und wählte mich als neue Nebensitzerin. Damit war diese Hürde schon mal problemlos genommen. Außerdem wurden Heike, Margit und Martin – drei Kinder von Vettern und Basen meiner Mutter – mit mir gemeinsam eingeschult. Dann waren es noch zwei Kinder von Schleifwegbewohnern im Dorf, weitere drei Kinder von Schulkameraden meiner Mutter, zwei von Schulkameraden meines Vaters und weitere von Feuerwehrkameraden, Sängern des Kirchenchores, Milch- und Traubenablieferern. Der Lehrer war gleichzeitig Omas Nachbar, die spätere Handarbeitslehrerin ihre Freundin.

Man kannte sich und wusste schon vor dem ersten Zeugnis, wo die hellen Köpfchen saßen und wer sich voraussichtlich schwertun würde mit dem kleinen Einmaleins. Eben weil sich auch deren Mütter oder Väter schon schwer damit getan hatten. Im schlimmsten Falle beide. Auch wer eine gute Stimme zum Singen geerbt hatte, wusste man, und wer sich durch den Musikunterricht durchbrummen musste, weil er nie einen richtigen Ton finden würde – wie der Kollege von der Feuerwehr, zum Glück nicht im Kirchenchor.

Das waren aber die Überlegungen der Erwachsenen. Wir waren in der Schule von solchen Gedanken weit entfernt. Gemeinsam übten wir auf unseren Schiefertafeln die ersten Buchstaben, in Klein und in Groß. Schön geschwungen in Schreibschrift.

Während die Erstklässler Buchstaben übten, wurde den Zweitklässlern etwas beigebracht. Dann mussten die üben und es ging bei uns wieder um einen Buchstaben weiter.

Auch unser Lesebuch, die erste Fibel, hatte alle Wörter erst in Schreibschrift und danach in Druckschrift abgedruckt.

Der Bratapfel

Kinder, kommt und ratet,
Was im Ofen bratet!
Hört, wie es knallt und zischt!
Bald wird er aufgetischt,
der Zipfel, der Zapfel,
der Kipfel, der Kapfel,
der gelbrote Apfel.

Unten auf der Seite waren in grauem Kasten die Reime nochmals aufgeführt: ratet - bratet, zischt - aufgetischt, Zipfel - Zapfel, Kipfel - Kapfel.

Keiner hat gefragt, was ein Zipfel und ein Zapfel oder gar ein Kipfel und ein Kapfel sei. Fast alle aber hatten im Herbst schon gelbrote Äpfel auf den Baumwiesen draußen in den Gelsten aufgelesen und wussten, wie diese frisch aus dem Backofen riechen und schmecken. Nur Konstantin nicht, seine Mutter kam aus Griechenland und sein Vater war Lehrer. Sie wohnten zur Miete hier und hatten keine Apfelbäume. Dafür konnte Konstantin, obwohl er mit Abstand der Kleinste war, schon lesen und schreiben, als er in die Schule kam. Was ihm aber nicht viel nützte, denn er übte gemeinsam mit uns mit Zipfel - Zapfel und Kipfel - Kapfel das Lesen, Reimen und Schönschreiben, erst auf der Schiefertafel, später in Heften.

In der großen Pause trafen sich alle vier Klassen auf dem Schulhof. Für die Neuen gab es erst eine Klobesichtigung, denn die Klos waren außerhalb des Schulgebäudes in einem gesonderten Trakt untergebracht. „Erstklässler, Tintenfresser, geht in d' Schul und kann noch nix", so begrüßten uns die Älteren aus der 3. und 4. Klasse. Als Vesperbrot blieb mir an meinem ersten Schultag – der Sommerhitze wegen – das sonst fast unvermeidliche Leberwurstbrot erspart und ich hatte – des ersten Schultags wegen – einen Wunsch frei. Deshalb hatte ich ein Kaba-Brot dabei. Zwei Brote, dick mit Butter beschmiert und mit Kaba bestreut, zusammengeklappt, waren eine Delikatesse. Den zweiten Rang der Hitliste der beliebtesten Pausenbrote belegte das Zuckerbrot. Also einfach den Kaba gegen Zucker ausgetauscht. Den dritten ein Eierbrot. Entweder mit hart gekochten und in Scheiben geschnittenen Eiern belegt oder mit Spiegeleiern, die auf beiden Seiten angebraten und dann zwischen zwei Brotscheiben gelegt wurden. Weit abgeschlagen auf den unbeliebten Rängen waren die Leberwurst- und Marmeladenbrote.

Noch während des Essens haben wir gespielt. Gummihüpfen war das beliebteste Spiel. Die Schulkameradinnen hatten sogar ein richtiges Gummiband, mit nur einem einzigen Knoten. Meines, mit dem ich zu Hause mit meiner Schwester Dorothea und einem Stuhl auf der anderen Seite als Gummispanner hüpfte, war aus vielen ausgeleierten und gerissenen Unterhosengummis zusammengeflickt.

Das Gummiband wurde um die Fußknöchel zweier Schulkameradinnen gespannt und gedehnt. Die dritte hüpfte nun nach genau festgelegten Regeln vor, auf oder zwischen das Gummiband. Machte sie einen Fehler, war die Nächste dran. Nach einem fehlerfreien Durchlauf wurde die Sprunghöhe vergrößert, indem das Gummiband vom Knöchel – Knie – Oberschenkel – Taille nach oben geschoben wurde

Man wartete auf einen Fehler der Hüpfenden, um endlich selbst wieder an die Reihe zu kommen. Manchmal wurde ein bisschen nachgeholfen, dass sie endlich den Gummi berührte, wo sie es nicht hätte dürfen, oder den Gummi verfehlte, wo sie hätte draufspringen müssen.

Auch das Hüpfspiel war beliebt. Die Mutigste lieh dafür auf dem Weg zum Pausenhof im Vorbeigehen an der Tafel ein Stück Kreide aus und malte die Hüpfkästchen auf den Schulhof. Dann brauchte man nur noch einen Stein, möglichst einen, der nicht kullerte und liegen blieb, wenn man das gewünschte Kästchen getroffen hatte.

Auf einem Bein hüpfend mussten die Kästchen abgehüpft werden, nur auf den nebeneinanderliegenden durfte man mit beiden Beinen gleichzeitig aufkommen, ganz oben dann eine volle Umdrehung und dasselbe wieder zurück, unterwegs den geworfenen Stein beim Hüpfen aufsammeln und mit zurückbringen war das Etappenziel. Mit dem Stein alle Kästchen getroffen und alle Runden fehlerfrei abgehüpft zu haben, das Endziel. Meist klingelte vorher aber die Pausenglocke und wir konnten erst am nächsten Tag weiterspielen.

So waren die ersten beiden Grundschuljahre eine fast unbeschwerte Zeit. Herr Simpfendörfer war Hausvater, Schulleiter, Lehrer in einem. Dazu war er Omas Nachbar.

Das Lernen von Buchstaben und Zahlen machte mir Spaß. Auch wenn sich dieser nicht in den Noten der ersten Zeugnisse widerspiegelte. Aber das störte mich damals nicht. Ausreichend war ausreichend und damit basta. Auch für Vater, der am Schuljahresende immer Zeugnisse zu unterschreiben hatte, waren die mittelmäßigen Noten nicht der Rede wert. Für die Klassenarbeiten unter dem Jahr war Mutter zuständig. Er war viel zu sehr beschäftigt, seine Unterschrift auf dem Rand der untergelegten Zeitung zu üben, damit sie halbwegs ordentlich aussah. Und das sah sie auch: Auch nach vielen Jahren, in denen er mehr Hacken-, Mistgabel-, Rechen- und Sensenstiele als Schreibstifte in der Hand gehabt hatte, konnte man den Buchstaben seiner Unterschrift noch die einst erlernte Schönschrift ansehen.

In der zweiten Klasse bot Herr Simpfendörfer freiwilligen Melodica-Unterricht an. Seit dem Ständle bei der Einschulung wollte ich dieses Instrument auch erlernen. Da Mutter jedes musikalische Interesse von uns förderte und dafür lieber eine Anschaffung im Haushalt hintenanstellte, bekam ich zum nächsten Geburtstag eine Melodica geschenkt. Ich war stolz, die nächsten Erstklässler mit der Hymne auf die schwäbische Heimat am Neckar begrüßen zu dürfen.

Im oberen Schulflur stand ein Modell unserer Heimat. Ein großer Glaskasten, in dem das Zabergäu zwischen Strom- und Heuchelberg mit Gips modelliert mit allen Hügeln und der Zaberaue bildhaft gemacht wurde. Der Neckar war hier das Ende der Heimat – dort, wo die Zaber in den Neckar mündete.

Wer hier geboren wurde, sehnt sich nicht in die Ferne. So sangen wir es im Singunterricht, so übten wir es auf der Melodica, so begrüßten wir die Erstklässler.

Dabei sehnte ich mich in die Ferne. Nach Kanada, wo die Verwandten wohnten, die zu Weihnachten immer ein Paket mit Geschenken schickten, die es bei uns nicht gab: Bohnenkaffee, Wrigley's Kaugummi in grün eingepackten Streifen und lila Schlaghosen. Und nach Afrika, wohin die Schwalben im Herbst flogen. Immer wenn wir an diesem Glaskasten standen und die Orte zaberaufwärts aufsagen sollten, sah ich insgeheim die Schwalben hoch drüber ihre Runden drehen und dann wegfliegen Richtung Afrika. Ich hatte zwar keine Vorstellung, in welche Richtung dies wäre – aber ahnte, dass die Welt größer sein musste, viel größer, als es der Zabergäu-Glaskasten im Flur und die Deutschland-Karte im Klassenzimmer zeigten. So verschlechterte sich meine Heimatkunde-Note im Laufe meiner Grundschulzeit von Befriedigend auf Ausreichend minus!

Susebill tut, was sie will

„Susebill tut, was sie will" – wieder und immer wieder habe ich dieses Buch verschlungen. Es stand in der dritten Reihe von oben im Bücherschrank des Lehrerzimmers meiner Grundschule. Immer montags in der großen Pause holte Herr Simpfendörfer, der Schulleiter, den Schlüssel, der auf der linken Schrankecke gleich hinter dem geschwungenen Kranz lag, um die schwere Türe aufzuschließen. Voller Ehrfurcht erwartete ich diesen Augenblick, wenn die geöffnete Doppeltüre den Blick auf die Bücher freigab. Und erst recht der muffige Geruch – der aus dem Schrank strömte – zog mich in seinen Bann. So viele Bücher gefüllt mit Geschichten von Mädchen ohne Pflichten, Kühe und gebrauchte Kleider.

Umständlich rückte Herr Simpfendörfer den alten, lederbezogenen Stuhl hinter seinem Schreibtisch zurecht, öffnete ein altes, an den Rändern schon abgegriffenes Schulheft – ein mit Tintenflecken bekleckstes rosafarbenes Fließblatt zeigte die richtige Stelle und schob mit dem Zeigefinger seine dunkle Hornbrille Richtung Nasenspitze, um über den oberen Rand hinweg ins Heft zu schauen. Mit akkurater Handschrift, die Buchstaben alle im selben Winkel geneigt, wie die Holzstickel am Ende der Wengertzeilen, hatte er darin die entliehenen Bücher mit den Namen ihrer Entleiher notiert.

Vor dem Schreibtisch stellte ich mich in die Reihe der mit Büchern unterm Arm wartenden Mitschüler. Eine feierliche Stille, einerseits dem ehrwürdigen Raum geschuldet, andererseits der Anwesenheit des Schulleiters, der in seinem weißen Kittel Autorität ausstrahlte. Herr Simpfendörfer schimpfte selten, er war Schulleiter und gütiger Hausvater in einer Person und kannte die Familien seiner Schüler bis in die dritte Generation zurück.

Herr Simpfendörfer nahm jedes Buch einzeln entgegen. Prüfte, mit dem rechten Daumen über den Buchrücken streichend, den Zustand des Blätterwerkes. Dabei blickte er mit hochgezogenen Brauen über den Brillenrand. Selbst wenn ich mir sicher war, dass mein Buch keinen Anlass für Beanstandungen liefern würde, hielt ich jedes Mal aufs Neue die Luft an und war erleichtert, wenn das Buch auf dem Stapel abgelegt war. Mit Tintenfüller und einem Lineal wurden die Bücher samt Entleiher im Heft durchgestrichen und wieder an ihren angestammten Platz zurücksortiert.

Mit geschlossenen Augen hätte ich in diesem Schrank die Geschichte meiner Seelenfreundin Susebill finden können. Auch sie träumte davon, ein Einzelkind zu sein. Ein Zuhause zu haben, das vor den spöttischen Blicken und den hämischen Kommentaren der Schulfreundinnen bestehen könnte, die tuschelnd – nicht hörbar, aber dennoch spürbar – in der großen Pause zusammenstanden und herüberblickten.

Gerne hätte ich Susebill einmal gesagt, wie sehr ich sie verstehen konnte. Sie und ihren Wunsch, einmal ganz alleine im Mittelpunkt zu stehen, umsorgt und verwöhnt zu werden. Einmal mit neuen und schicken Kleidern in die Schule zu gehen. Einmal von den Freundinnen beneidet zu werden und bei den Gesprächen über das vorabendliche Fernsehprogramm nicht mehr stumm abseits stehen zu müssen. Nach den großen Ferien erzählen zu können vom Urlaub mit den Eltern und den Sandburgen an der Adria.

Susebill hatte Glück. Sie wurde von der reichen kinderlosen Freundin ihrer Mutter aus ihrer misslichen Lage gerettet. Dass Susebill in dem märchenhaften Luxus nicht glücklich wurde, habe ich allerdings nicht verstanden. Ich empfand ihr Unglück sogar als undankbar und war mir ganz sicher, dass ich das Bemühen dieser Tante viel mehr geschätzt hätte.

Nur – es gab weit und breit keine reiche und kinderlose Tante. Nicht nur die Eltern, auch die Verwandten – alles Bauern –, alle kinderreich und alle mit denselben Sorgen und Nöten ausgestattet. Von hier war keine Rettung zu erwarten. Und so blieben mir nur die Bücher aus dem Bücherschrank des Lehrerzimmers, um mich wenigstens stundenweise hineinzuträumen in ein Leben unter gut riechenden Menschen in Häusern mit weichen flauschigen Teppichböden.

Heidi, die ebenfalls in der reichen Frankfurter Villa nicht glücklich wurde und das Leben in den Schweizer Bergen bei ihrem einsiedlerischen Opa, dem Alm-Öhi, vorzog, war die zweite Protagonistin meiner Kindheit. Diese so gegensätzlichen Leben in vornehmen und reichen Stadthaushalten und den einfachen und sparsamen Verhältnissen zu Hause zogen mich in ihren Bann.

Im Falle Heidis war es ein Film, der von einem Wanderkino in unserer Kirche gezeigt wurde. In jedem Winter machte dieses Wanderkino einmal dort Station. Nachmittags gab es Heidi für die Kinder und abends Doktor Schiwago für die Erwachsenen. Im Mittelgang der Kirche wurde das riesige Vorführgerät aufgebaut. Der Eintritt für die Kindervorstellung kostete 50 Pfennig. Oben auf der Längsempore waren die besten Plätze. Von hier aus hatte man den Überblick auf die große Leinwand, die vor dem Gekreuzigten aufgebaut wurde, und gleichzeitig auf die Filmrollen, auf die nur 20 Minuten Film passten, die dann zurückgespult werden mussten, bevor die nächste Rolle zum Einsatz kam und es im Film weiterging. Das vertraute Geräusch des ratternden Vorführgerätes, das Klappern beim Zurückspulen des Films, währenddessen es Pausen bis zum Rollenwechsel gab, steigerte die Spannung noch. Obwohl ich den Film schon mehrere Male gesehen und später auch das Buch gelesen hatte, fieberte ich jedes Mal aufs Neue mit und hoffte so sehr, dass sich Heidi in Frankfurt einleben würde und ihr damit die Welt mit allen Möglichkeiten offen gestanden hätte.

Auch Kaiserin Sissi, deren Schicksalsjahre ich dann schon regelmäßig in der Weihnachtszeit im Fernsehen bei Verwandten mitleiden durfte, war für mich eine faszinierende Frau. Sie hatte aus meiner Sicht alles, um ein märchenhaftes Leben zu führen. Sie war reich, schön und konnte reisen, wohin sie wollte – mehr, als ich mir je vorstellen konnte. Auch das hat nicht ausgereicht zum Glücklich-Werden.

Später waren es Hanni und Nanni, die mich von einem Leben in einem Internat träumen ließen. Ich durchlitt beim Lesen die Rivalitäten und Probleme der Zwillinge, wobei ich mich in Nanni wiederfand, die immer die Ruhigere und Vernünftigere der beiden Schwestern war, aber wenigstens hier wurde am Ende immer alles gut.

Und dann war da noch Heintje, der blonde Junge mit den großen Augen und den makellosen Zähnen. Mein erster großer Schwarm, der mit Schlips, Jackett und seinem rollenden R alle Mamas und Omas entzückte. Sogar ein Autogramm hatte ich von ihm, in meinem Autogramm-Album, ganz vorne auf der ersten Seite, noch vor Roy Black – mit seiner Original-Unterschrift. Das war auch das einzige Foto, das ich besaß. Mangels Fernseher konnte ich nur vor dem alten Grundig-Radio seine Stimme anhimmeln. Bei „Oma, so lieb, Oma, so nett", den Schwalben, die unter dem Dach ihr Nest bauen, und dem Pferdchen, das sein Paradies gewesen wäre. Wobei ich ihn so gerne mal gewarnt hätte vor diesem Pferdchen. Ob er denn wusste, was ein Pferdchen bedeutet? Heumachen und Strohballenladen, Füttern und Ausmisten jeden Tag! Er konnte es nicht wissen, sonst hätte er sich sicher keines gewünscht.

„Ich sing ein Lied für dich" und „Ich bau dir ein Schloss, so wie im Märchen …", das war schon eher meine Welt. Dank Heintje wusste ich fortan, wo Holland liegt. Sogar seinen Wohnort Kerkrade hätte ich im Erdkundeunterricht auf der Karte blind zeigen können. Leider hat der Lehrer nie danach gefragt.

Schulweg

Eins, zwei, drei, vier … zehn! Augen zu, kräftig in die Pedale des Fahrrades treten, langsam bis zehn zählen, Augen auf und jedes Mal aufs Neue gespannt sein, welch großes Stück des Weges doch bis zehn zu schaffen war. Dabei konnte ich den Weg auch mit geschlossenen Augen noch freihändig fahren. Ich brauchte keine Augen, um die Deckel der Kanalisationsschächte und die Schlaglöcher im ohnehin bröckelnden Asphalt des Schleifweges zu umfahren. Sogar die leichte Biegung des Weges beim Sportplatz-Schild kannte ich wie im Schlaf. Danach verlief der Weg lange genug geradeaus, um blind auf zwanzig zu zählen. Das hatte ich schon oft getestet. Die Steigerung auf dreißig war die nächste Hürde.

Nach der Mittagsschule war ich alleine auf dem Heimweg und versuchte, mit meinem „Augen zu, Augen auf"-Spiel der Langeweile des endlos erscheinenden Schulweges ein Schnippchen zu schlagen. Bei „füünfuuundzwaaanzig", die Vokale als zusätzlichen Nervenkitzel schön langsam und gedehnt, plötzlich ein dumpfer Schlag, ein stechender Schmerz. Ich lag am Boden und etwas wohlig Warmes lief mir über das Gesicht. Augen auf, am Fahrrad die Lenkstange verbogen, die Strumpfhose ohne Loch an den Knien. Gott sei Dank! Die Lenkstange würde sich zurechtbiegen lassen, ohne dass jemand davon erfuhr. Ein Loch in der Hose wäre schlimmer gewesen. Zum Glück war weit und breit niemand zu sehen. Auch auf dem Acker beim Anhänger keiner in Sichtweite. Das schien nochmals knapp gut gegangen zu sein. Die dröhnenden Kopfschmerzen würden schon wieder von alleine vergehen. Noch während ich den Schulranzen wieder auf dem Gepäckträger zurechtzurrte, tropfte etwas auf das braune Leder neben der messingfarbenen Schnalle. Blut! Ausgerechnet Blut! Vor Schreck wurde mir schwindlig. Damit ließ sich die Sache nun nicht mehr verheimlichen. Und wie viel Blut konnte man verlieren, bevor man ohnmächtig wurde und umfiel? Hatte ich nicht einmal mitgehört, als sich die Erwachsenen über jemanden unterhielten, der zu viel Blut verloren hatte, als dass man ihm noch hätte helfen können? Zu viel Blut! Hier auf meinem Schulranzen war Blut. Mein Blut. Wie viel? Zu viel, so viel war klar. Ich hatte nun die Wahl: entweder ganz schnell heimzufahren und die Sache zu beichten oder daran zu sterben. Ich entschied mich für Ersteres, denn Sterben, ohne gebeichtet zu haben, flößte mir doppelte Angst ein. Das endet in der Hölle. So hatte ich es in der Kinderstunde der Zeltevangelisation gelernt.

Hatten die in der Kinderstunde nicht auch davon geredet, dass es zu spät sein könnte, dass gleich nachher schon etwas passieren könnte? Ich sah mich nochmals um, ob mich da wirklich niemand beobachtet hatte. Nein – es war tatsächlich noch immer niemand zu sehen.

Mir war heiß und kalt. Der Kopf fühlte sich leer und hohl an. Ob das wohl davon kam, dass da kein Blut mehr drin war? Schon alles Blut weg? Zu viel Blut, um noch gerettet werden zu können! Die Worte dröhnten in meinem blutleeren Kopf und hallten nach, wie die Stimmen aus den Lautsprechern der Zeltevangelisation: drohend und aus allen Richtungen.

Ich musste heim, und zwar schnell – nur wie, mit übers Gesicht laufendem Blut? Mit einer Hand die klaffende Wunde zuhalten? Aber am Rande der Hölle freihändig zu fahren schien mir nicht mehr angebracht. Mein Kopftuch! Das verhasste Kopftuch, das ich morgens immer aufsetzen musste, damit die kalte Morgenluft keine Ohrenschmerzen auslöste. Dieses Kopftuch war die Rettung. Einfach aufsetzen und das Blut darunter verstecken. Das klappte. Und ich radelte nach Hause, lehnte das Fahrrad an das Geländer der Kellertreppe.

Die Eltern waren auf dem Kartoffelacker hinterm Haus, das wusste ich. Ich hätte nach der Schule dort hinkommen und helfen sollen. Sicher warteten sie schon auf mich.

Aber sie knieten beide auf dem Boden zwischen den Drahtkörben und sahen mich nicht kommen. Ich kämpfte mit den Tränen, unterdrückte sie in der Hoffnung, dass alles nicht so schlimm sein würde, wenn ich wenigstens nicht weinte. Und vielleicht ging ja doch alles wieder von alleine vorbei.

Die Sonne stand schon tief, als ich den Feldweg hinterm Haus zum Kartoffelacker hochging. Im Gegenlicht tanzten die Mücken. Vater hatte schon mit dem Heraushacken aufgehört und seinen Karst abgestellt. Als Markierung des Tagesziels stand er schief mitten auf dem Acker.

Es waren nur noch wenige Meter zwischen dem letzten Kartoffelsack und dem Karst, als ich über den Acker stolperte. Mutter hob erst nur flüchtig den Kopf, als ich näherkam, dann stand sie mit einem Ruck auf. Das Kopftuch um diese Tageszeit, die Schulkleider, mit denen ich niemals auf den Acker kommen durfte – ich hätte mich vorher umziehen müssen –, und was ich gar nicht bedacht hatte: Das Kopftuch war voller Blut. Kein Wort des Vorwurfes, kein „Wie oft habe ich dir schon gesagt, …" – ich war so überrascht und erleichtert, dass meine Tränen einfach liefen, als ob ein Überdruckventil den schier bis zur Unerträglichkeit angestauten Druck abgelassen hätte und sich das Wasser seinen Lauf bahnte.

Mutter nahm mich an die Hand, wir liefen quer über die Kartoffeldämme zum Hof. Vater hängte – ebenfalls kommentarlos – den Anhänger, der auf das Beladen mit den Kartoffelsäcken wartete, einfach ab und fuhr den Traktor auf den Hof.

Ich solle schon mal auf den Beifahrersitz klettern, bis sie ihre Hände gewaschen und die Schuhe gewechselt habe. Heulend wartete ich, das blutgetränkte Kopftuch, der Anlass dieser ganzen Aktion, drängte sich wieder in den Vordergrund und meine Angst vor dem, was sich wohl darunter verbergen würde, stieg auf.

Es war eine stumme Fahrt. Nicht wie sonst, wenn Mutter mit dem Traktor, ihrem Cabrio, wie sie ihn scherzhaft nannte, ins Dorf fuhr. Singend, die Lieder für den nächsten Auftritt des Kirchenchores übend: Lieder, die man zu Weihnachten, Ostern und Pfingsten sang. Dabei das Gaspedal bis nach unten durchgetreten und im Slalom die Schachtdeckel umfahrend. Manchmal baten wir Kinder sie, hinten auf der zwischen den Hinterachsen eingehängten Holzpritsche sitzend, doch mal über einen dieser

Schachtdeckel zu fahren. Der beim Sportplatz-Schild war besonders hoch – mit dem Fahrrad voll Karacho drüber war freihändig nicht zu schaffen, auf dem Traktor jedoch hob es alle Mitfahrer kurz aus ihren Sitzen und Mutters Fuß damit auch immer kurz vom Gaspedal. Der Motor stockte und es hörte sich an, als ob er den Atem anhalten würde, bis wir Kinder auf der Pritsche wieder gelandet waren. Ab und zu machte Mutter uns diese Freude. Wir konnten gar nicht genug davon bekommen. Nur heute fuhr sie vorsichtig, eine Hand am Steuer. Mit der anderen sicherte sie den Beifahrersitz ab, damit ich nicht herunterrutschen konnte.

Eine klaffende Wunde an der rechten Schläfe hatte das Blutbad verursacht. Klammern würde nicht reichen, das müsse genäht werden, befand der Arzt. Wie ich denn das angestellt hätte, fragte er beiläufig, während er mit einer Nadel hantierte, die viel schlimmer und größer aussah als die Nadeln, mit denen Oma unsere Strumpfhosen stopfte. Das mit den geschlossenen Augen ließ ich in der Antwort dann doch vorsichtshalber weg. Man konnte ja einen Anhänger wohl auch so mal übersehen. Zum Glück fragte er nicht weiter nach.

Mit einem weißen Verband rund um den Kopf fuhren wir wieder nach Hause. Mutters Stimmung war jetzt besser, mit Vollgas um die Schachtdeckel herum ging der Tag doch noch gut zu Ende. Irgendwie hatte das Ganze – nachdem das Blut weggewaschen und die genähte Wunde unter einem strahlend weißen Verband versteckt war – auch was Gutes. Ich solle nach diesem Unfall für den Rest der Woche zu Hause bleiben, meinen Kopf schonen, viel liegen. Also nicht lernen und keine Kartoffeln zusammenlesen. Das hielt ich für machbar.

Zu Hause richtete Mutter mein Krankenlager auf dem Sofa im Esszimmer. Die über der Lehne liegenden Kleiderstapel wurden einfach auf einen Stuhl verfrachtet, damit die Lehne heruntergeklappt werden konnte. Dazu musste man die Sitzfläche des Sofas anheben und die Lehne nach hinten kippen, bis ein hörbarer Klick das Ausrasten anzeigte und das Sofa zu einer Doppelbettfläche wurde. Mit weißem Flanellbetttuch und meinem Bettzeug fühlte ich mich wie die Prinzessin ohne Erbse. Es war einfach nur gemütlich und schön. Der weiße Verband um den Kopf schien den anderen Respekt einzuflößen und mich zu etwas Besonderem zu machen. Alle waren nett. Zum Abendessen gab es ein weich gekochtes Ei mit Butterbrot und aus den Vorräten für ganz besondere Anlässe eine Flasche süßen Sprudel.

„Lieber Gott, mach mich fromm, dass ich zu dir in den Himmel komm, Amen." Wie jeden Abend kam Mutter kurz aus dem Stall, um mit mir zu beten. Sie setzte sich dabei auf die Bettkante, faltete die Hände und wir sprachen das Gebet zusammen, immer im selben vertrauten Rhythmus. Wenn sie in Eile war, dann das kurze Gebet, wenn im Winter mehr Zeit war, dann wünschte ich mir das Gebet mit den Flügeln: „Breit aus die Flügel beide, oh Jesu, meine Freude, und nimm dies Kindlein ein. Will Satan es verschlingen, so lass die Englein singen: Dies Kind soll unverletzet sein." Im besten Falle war sogar noch die Zeit für ein Schlaflied: Dann hörte ich gerne Mutters helle Stimme bei „Guten Abend, gut' Nacht! Mit Rosen bedacht, mit Näglein besteckt …" Beide Strophen!

Bislang hatte ich mir noch nie Gedanken über den Text dieser Gebete und Lieder gemacht. Wichtig waren alleine die Augenblicke des Zusammenseins mit Mutter, die ein Gefühl des Geborgenseins und der Wärme verbreiteten. Verstärkt durch den ebenfalls allabendlichen Handgriff, mit dem sie den Bettdeckenzipfel unter das Kopfkissen schob, um damit ein Nest zu formen, das ein Herausfallen unmöglich machte.

Erst in der Nacht kamen die Albträume: Bilder, die die Kindernachmittage der Zeltevangelisationen hinterlassen hatten: Bilder vom guten und vom bösen Weg. Der eine führte zu Gott, der andere in die Hölle. Es war alles ganz einfach: Auf dem guten Weg waren alle jene arbeitend und betend unterwegs und taten damit, was Gott wollte. Auf dem anderen gingen die schnurstracks zur Hölle, die etwas Verbotenes taten.

Freihändig und blind Fahrrad zu fahren war verboten. Nicht wegen der Anhänger, die manchmal unvermittelt am Wegrand standen, sondern wegen der Löcher in den Strumpfhosen, die es unweigerlich gab, wenn man vom Fahrrad fiel. Etwas Verbotenes tun war Sünde und Sünde führte in die Hölle, außer man beichtete diese Sünde und kehrte um. So genau wusste ich nicht, was dieses Umkehren meinte. Die Leute im Zelt redeten von der Umkehr in die Arme Gottes. Wobei ich weder ohne Sünden zu Gott in den Himmel wollte noch mit Sünden in die Hölle. Und noch weniger wollte ich auf das Blind-und-freihändig-Fahrradfahren verzichten. Die Langeweile des unendlich erscheinenden Weges war anders gar nicht auszuhalten.

Wie so oft wachte ich schweißgebadet auf und war wie jedes Mal froh, in meinem Bett zu liegen. Dieses Mal sogar auf dem Sofa im Esszimmer; diese Umstände zusammen mit dem Verband um den Kopf ließen hoffen, dass zumindest die nächsten Tage gut verlaufen würden. Und sie verliefen gut:

Am nächsten Nachmittag schon durfte ich eine Weile mit auf den Kartoffelacker hinters Haus. Vater baute mir mit den leeren Kartoffelsäcken ein Nest, in das ich mich legen sollte. Mutter hatte ein Kissen und eine Decke mitgenommen, um es mir gemütlich zu machen, und ein Kopftuch, damit das Feldbett keine Spuren am weißen Verband hinterließ.

Ich mochte den modrigen Geruch der Jutesäcke, der feuchten Erde, die Sonnenstrahlen auf der Haut und am meisten – die Eltern immer in Sichtweite!

Vater beförderte Schritt um Schritt die Kartoffeln ans Tageslicht. Dazu holte er mit seinem Karst weit aus, hackte damit exakt zwischen zwei Pflanzen in den Kartoffeldamm und zog diese mit einem Ruck zu sich heran. Dann packte er die Pflanze an den dürren Stängeln und schüttelte die daran hängenden Kartoffeln ab. Pflanze um Pflanze arbeitete er sich vorwärts und hinterließ eine Spur von Kartoffeln, die auf der frischen feuchten Erde in der Herbstsonne golden schimmerten. Solange Vater vorneweg arbeitete, wurde der Abstand zwischen ihm und Mutter, die auf Knien hinterherkriechend die Kartoffeln aufsammelte, immer länger. Die Kartoffeln wurden in drei Körbe sortiert: kleine, beschädigte und grüne Kartoffeln in den Schweinekorb, die ganz makellosen in den Korb für die Verwandten in der Stadt. Tante Elsa und Onkel Willi, Vaters Geschwister, wohnten in der Stadt und wurden noch immer mit Naturalien vom Hof versorgt. „Äpfel, Trauben und Kartoffeln für die Heilbronner." Jeweils nur die schönsten, damit ja nichts davon als Abfall im Mülleimer landete, das war die Erklärung meines Vaters für diese Extra-Sortierung, bei der jede Kartoffel extra abgerieben wurde, um ja keine grüne Stelle, keinen Schorffleck oder auch nur die kleinste Beschädigung zu übersehen. Der Rest in den Korb für uns. War ein Korb voll, wurde dieser in einen Kartoffelsack aus Jute geleert. Mit geübtem Griff die Sacköffnung halb über den Korb ziehen und die Kartoffeln vorsichtig in den Sack reihern lassen, dann den Sack auf der frischen Ackererde etwas hin- und herrütteln, damit er festen Halt bekam. Um einer Verwechslung vorzubeugen, wurden die Heilbronner Säcke mit einer Handvoll Kartoffelkraut markiert. Die restlichen landeten alle in unserem Keller und wurden bis zur nächsten Ernte zwischen Menschen und Schweinen aufgeteilt.

Wie stumme Zeugen eines Tagwerks Arbeit standen die Säcke auf dem Acker. Mit schwarzen verschnörkelten Buchstaben waren die Namen ihrer früheren Besitzer, meiner Groß- und Urgroßväter, gedruckt. In meiner Fantasie waren es mal Kinder, die an einem Seil gingen, wie ich es vom Kindergarten kannte, oder traurige Soldaten, die vom Krieg heimkehrten, wie ich sie auf alten Schwarz-Weiß-Fotos gesehen hatte. Manchmal waren die Säcke aber auch nur Zielscheiben für unser Kartoffelweitwurfspiel. Allerdings nur außer Sichtweite der Eltern, denn „mit dem Essen spielt man nicht".

Ein Pflaster würde ausreichen, bis die Wunde vollends verheilt wäre, befand der Arzt nach dem Abnehmen des Verbandes, an dem trotz aller Vorsichtsmaßnahmen die Nachmittage in den Feldbetten nicht spurlos vorübergegangen waren. Mit dem Verband verschwanden auch alle anderen Vorzüge des Krankseins: das Bett auf dem Sofa, der süße Sprudel zum Abendessen, das Feldbett auf dem Kartoffelacker.

Nur eine Narbe am Kopf blieb zur Erinnerung.

Wir haben alle alles überlebt

Es war vier Uhr nachmittags, als ich auf einem Untersuchungstisch im Krankenhaus wieder zu Bewusstsein kam. Viele fremde Menschen standen um mich herum, alles war hell und sauber. Der Ort war nicht nur fremd, es war zudem auf keinen Fall der Ort, an dem ich sein sollte. So viel war mir sofort klar, als ein Arzt meine Frage nach der Uhrzeit mit vier Uhr beantwortet hatte. Sofort müsse ich nach Hause und meiner Schwester das Fläschchen geben, erklärte ich dem Arzt. Er wollte mir weismachen, dass meine Eltern zu Hause seien und ich mir keine Sorgen machen bräuchte. Woher wollte er das wissen? Er konnte es gar nicht wissen, denn die Eltern waren nach dem Essen auf die Heide zum Futterholen gefahren und konnten noch gar nicht zu Hause sein. Mutter hatte mir extra eingeschärft, dass ich das Vier-Uhr-Fläschchen nicht vergessen solle und danach das Windelwechseln. Das war an jedem Tag um vier Uhr meine Aufgabe. Zum Fläschchen über die Mittagszeit und um die Stallzeit war Mutter immer selbst da. Aber vier Uhr war meine Zeit! Erst Fläschchen geben und danach Windeln wechseln.

Auf dem Kühlschrank in der Küche stand dazu ein mit Wasser gefüllter Emaille-Topf mit einem Tauchsieder. Das Fläschchen stand daneben. Jeden Mittag um vier dasselbe: Das Kabel des Tauchsieders in die Steckdose über dem Kühlschrank einstecken und warten, bis das Wasser kocht. Dann den Tauchsieder wieder ausstecken und gegen das Fläschchen austauschen. Nach zehn Minuten im heißen Wasser gut schütteln, dabei den Sauger zudrücken, damit die Milch nicht in einer Fontäne durch die Küche spritzte, die Flasche ans geschlossene Augenlid drücken, um die Temperatur zu prüfen. Fühlte sich die Temperatur dort angenehm an, war es trinkfertig. Martina war bis dahin ohnehin immer schon aufgewacht und begleitete die Fläschchenwärmaktion mit Brüllen, was mich aber nicht weiter beeindruckte. Hauptsache, sie war wieder still, bis Mutter nach Hause kam. Und das war sie meistens. Nur heute drohte es schief zu gehen, falls Mutter vor mir heimkommen sollte.

Bruchstückhaft kamen die Erinnerungen zurück. Nach dem Essen waren meine beiden Vettern zu Besuch gekommen. Wir hatten im Hof Fußball gespielt. Als Tor diente eine Fensteröffnung über der Garage. Dort war in den Bauplänen ein Raum als Hühnerstall vorgesehen gewesen. Da aber auch ohne Hühner schon genug Viehzeug zu versorgen war, wurde auf die Fertigstellung des Stalls verzichtet. Auch das geplante Fenster war noch lange Zeit nicht eingebaut. Damit war diese bodentiefe Öffnung ein perfektes Fußballtor. Mit meiner nächstjüngeren Schwester Dorothea teilte ich mir den Torraum, das ging so lange gut, bis ein Ball exakt in die Mitte traf und wir uns nicht einig wurden, wer von uns beiden den Ball hätte fangen dürfen. Ich habe die Frage zwar zu meinen Gunsten entschieden, kurzfristig, genau genommen nur für einen Moment, weil ich schon bei der ruckartigen Übernahme des Balles aus den Händen meiner Schwester, die beim Fangen mal wieder schneller gewesen war als ich, das Gleichgewicht verlor und samt Ball aus dem Tor fiel. Dabei stellte sich die Höhe des Torraumes als nachteilig heraus. Die drei Meter bis zum Fußballfeld, das noch nachteiliger mit hartem Asphalt geteert war, sorgten dafür, dass beim Aufschlag neben meinem Bewusstsein auch noch ein Zahn verloren ging, mein Gehirn schwer erschütterte und das Nasenbein brach.

Die gegnerischen Fußballspieler samt halbseitiger verbleibender Torhüterin waren sich schlagartig einig: Das war eine Katastrophe größeren Ausmaßes. Allein die Blutlache ließ Böses ahnen. Von einem nahe liegenden Acker eilten Bauern herbei. Offensichtlich waren die ernsten Hilfeschreie von den früheren Hilfeschreien unserer Proben zu unterscheiden! Jemand rannte zu Kühners im übernächsten Nachbarhof, die als Einzige der Höfe ein Telefon besaßen, um den Krankenwagen anzufordern. In ihrem Esszimmer an der Wand hing ein schwarzer Kasten mit Wählscheibe. Bei wichtigen Telefonaten klopften wir – tagsüber an der Küchentüre, nachts am Schlafzimmerfenster – und baten um Einlass für ein Telefongespräch. Wichtig waren meist Anrufe beim Tierarzt wegen Schwergeburten mitten in der Nacht.

Aufgewacht bin ich dann im Krankenhaus um vier. Und tatsächlich, der Arzt hatte doch recht: Wenig später kamen meine Eltern. Meine Mutter weinte und ich wusste, dass etwas Schlimmes passiert sein müsste. Ich kannte keinen Grund, der sie dazu gebracht haben könnte, ohne Futter für die Kühe von der Heide heimzufahren. Ich konnte die Situation nicht verstehen, aber es war klar, dass es etwas mit mir zu tun haben musste, und vielleicht, dass Martina zu Hause ihr Fläschchen nicht zur rechten Zeit bekommen hatte und furchtbar brüllte. Mich plagte mein Gewissen, aber mein Kopf war schwer, viel zu schwer, um darin Antworten zu finden oder überhaupt zu denken. Ich muss wohl eingeschlafen sein und wachte in einem weißen Bett auf der Intensivstation, umstellt mit Sichtschutzwänden, wieder auf. Dort sollte ich still liegen bleiben, meinen Kopf nicht heben und musste sogar im Liegen in eine untergeschobene Schüssel pinkeln. Vielleicht war dies der Grund, dass mir die Schwestern nur kaffeelöffelweise Wasser gaben, um den Mund anzufeuchten. Dem Verdursten nahe beschloss ich, selbst tätig zu werden, um das Glas Wasser, das ich hinter der Stellwand vermutete, zu holen. Weit kam ich allerdings nicht. Schon beim Übersteigen des Gitters, das an beiden Seiten des Bettes angebracht war, wurde mir schwarz vor Augen. Später erzählte man, dass man mich vor dem Bett liegend gefunden hatte. Tage, mir schien's Wochen, Monate, lag ich in diesem Bett, abgeschirmt von jeglicher Außenwelt, sogar von denen, die stöhnend und schnarchend neben mir lagen, und wartete auf meine Eltern. Aber es kam niemand. Und ich war davon überzeugt, dass dies die Strafe für mein unartiges Verhalten sei.

Erst später habe ich erfahren, dass Mutter täglich da war, aber die Intensivstation nicht betreten durfte, dass sie jeden Tag ein kleines Mitbringsel für mich abgegeben hatte, was aber ebenfalls nicht in dieses Zimmer durfte und mir erst beim Verlegen auf eine normale Station gesammelt übergeben wurde.

Dort war es deutlich kurzweiliger. Meine Bettnachbarinnen lagen mit gebrochenen Beinen wohl schon längere Zeit beisammen und hatten sich viel zu erzählen. Die eine war beim Fensterputzen von der Leiter gefallen, die andere zusammen mit dem Wäschekorb die Treppe runter. Sie kümmerten sich rührend um „das Kind“ in ihrer Mitte und es ging mir richtig gut. Das entschädigte etwas für die lange Zeit, in Wirklichkeit waren es nur sieben Tage auf der Intensivstation. Allerdings kamen auch die Prognosen der Langzeitschäden dieses Fußballspiels so stückchenweise an mein Ohr. Wegen der schweren Gehirnerschütterung sollte ich bis auf Weiteres jegliche Sonne meiden und keinen Sport machen. Das fand ich weit weniger tragisch als den ausgeschlagenen Zahn und das gebrochene Nasenbein. Der Zahn – da waren sich die Doktoren-Fachleute einig – könne erst dann gerichtet werden, wenn ich ausgewachsen sei. Frühestens in zehn Jahren also! Dann hörte ich, wie der Arzt mit den Eltern das Problem meines Nasenbeins besprach. Da dies der anderen Verletzungen wegen hintenangestellt worden war, war es in der Zwischenzeit bereits zusammengewachsen. Leider etwas schief. Für eine Korrektur müsse man es nochmals brechen und dann schienen. Das wäre aber eine längere Prozedur und ich müsse mindestens nochmals zwei Wochen im Krankenhaus verbleiben.

Die Entscheidung fiel zugunsten einer bleibend schiefen Nase. Offensichtlich wollte man mir damals weitere Schmerzen und einen längeren Krankenhausaufenthalt ersparen.

Jedenfalls war diese Entscheidung für mich erst die richtige Katastrophe: Mit einer Zahnlücke und einer schiefen Nase sollte ich in die Schule gehen. Gut, die Zahnlücke ließ sich mit geschlossenem Mund verstecken. Das habe ich vor dem Spiegel geübt und auch geschafft. Zumindest gibt es kein einziges Foto mit sichtbarer Zahnlücke von mir, dafür immer mit zusammengekniffenem Mund. Bei der Nase war es schwieriger. Das wäre alles vergessen, wenn ich einmal Großmutter wäre, so der Versuch des Tröstens meiner Oma und, dass eine breite Nase zu meinem Dickschädel eigentlich gut passen würde, der meiner Mutter. Keiner überzeugte mich.

Nur wenige Wochen später gab es einen weiteren Verdacht auf ein gebrochenes Nasenbein. Martina lag noch immer im Kinderwagen, auf den Dorothea und ich aufzupassen hatten. Und wir fanden immer mehr Spiele, bei dem wir den Kinderwagen samt Kind einbeziehen konnten. So konnte man mit Kinderwagen gegen Puppenwagen vielerlei Wettspiele machen. Wer die Wegstrecke von der vorderen bis zur hinteren Hofeinfahrt am schnellsten zurücklegen konnte, zum Beispiel. Auf die Plätze, fertig, los! Ungefähr in der Hälfte – ich lag mit dem Kinderwagen eine Nasenlänge vorne – stolperte ich an einem hochstehenden Schachtdeckel und fiel der Länge nach hin. Dummerweise riss ich den Kinderwagen dabei ebenfalls den Griff festhaltend nach unten. Das Loch am Knie meiner Strumpfhose war der erste Schock – um dies zu verhindern, war uns Rollschuhlaufen vor der Kniestrümpfesaison verboten –, gut, beim Kinderwagenschieben zu stürzen war von diesem Verbot ja wohl nicht betroffen. Aber der Anblick des umgestürzten Kinderwagens übertraf das Loch in der Strumpfhose bei Weitem. Schnell den Kinderwagen wieder auf die Räder stellen, die Matratze wieder rein, dann erst war die Katastrophe zu sehen. Martina lag unter der Matratze mit dem Gesicht auf dem Asphalt und schrie wie am Spieß. In Windeseile also alles wieder zurück. Als wir alles in den Urzustand zurückgeräumt hatten, waren eigentlich alle Spuren des

Unfalls unsichtbar. Nur Martina schrie weiter, obwohl es aus unserer Sicht keinen Grund mehr dafür gab. Oder vielleicht doch? Sie war ja mit dem Gesicht auf den Asphalt gefallen. Zwar nicht von so weit oben wie ich vor einigen Wochen, aber man konnte ja nie wissen, wie weit man fallen muss, bis das Nasenbein bricht und Zähne ausfallen. Jetzt war schnelles Handeln angesagt: Denn noch schlimmer als ein gebrochenes Nasenbein war das schiefe Zusammenwachsen. Und um das zu verhindern, musste es SOFORT geschient werden. So hatte ich es verstanden beim Mithören des Arztgesprächs im Krankenhaus. Wie das in der Praxis auszusehen hat, war mir unklar. So einigten wir uns darauf, dass wir als erste Maßnahme mit unseren Fingern das Nasenbein stabilisierten, bis die Eltern heimkämen. Sicher ist sicher! Martina brüllte weiter ungeachtet dessen, dass wir gerade unser Bestes gaben, um für sie den Rest ihres Lebens eine schöne gerade Nase zu sichern. Erst um vier, nach Fläschchen und Trockenlegen, war sie so erschöpft, dass sie einschlief und wir das Nasenschienen unterbrechen konnten, da sie sich jetzt ja nicht mehr bewegte und das Risiko eines Verrutschens der gebrochenen Knochen zu vernachlässigen wäre. Zumal das Nasezuhalten bei einem brüllenden Kind, dem offenbar eine schiefe Nase lieber gewesen wäre, mit der Zeit auch anstrengend wurde. Wir waren froh, als die Eltern endlich kamen. Da Martina selig schlief, stellte sich das Ganze auch längst nicht mehr so dramatisch dar. Das Loch in meiner Strumpfhose, die damit in dem Korb landete, der auf einen Regentag und Oma wartete, war am Ende der schlimmste Schaden dieses Nachmittags.

Der Erschöpfungsschlaf, der hier die Rettung war, wurde an einem Sonntagabend der Auslöser einer Beinahe-Katastrophe. Es war einer der Sonntage, an denen wir nach einem Verwandtenbesuch im Dorf noch bis zur Milchhäusleszeit bleiben durften. So warteten Dorothea und ich an jenem Abend vor dem Milchhäusle auf unsere Mutter, kletterten, während sie die Milch ablieferte, auf die Beifahrersitze über den Kotflügeln rechts und links vom Fahrersitz. Wir liebten es, auf diesen Sitzen die Beine nach vorne zu strecken und uns an der Seitenstrebe des Sitzbügels festzuhalten. Dabei konnte man sich den Fahrtwind ins Gesicht blasen lassen.

Auf dem Heimweg, dort, wo der Weg beim Vereinsheim der Hasenbebbele, wie die Kleintierzüchter im Dorf genannt wurden, nach einer Kurve bergab ging, plötzlich ein gellender Schrei zeitgleich mit einer Vollbremsung. Dorothea war wohl eingeschlafen und unter dem Sitzbügel hindurch über den Kotflügel gerutscht und direkt vor das Hinterrad gefallen. Mutter stand unter Schock, schrie, unfähig selbst abzusteigen, um Hilfe. Einige Männer, die bei einem Bier im Hof des Vereinsheims gesessen hatten, rannten herbei. Wie durch ein Wunder war Dorothea unversehrt. Entweder war sie über die Rutsche des Kotflügels ausreichend weit vor das Rad gefallen oder Mutter hatte so schnell reagiert oder der Schutzengel war mal wieder zur Stelle. Oder alles drei! Jedenfalls steckte uns die Gefahr dieser Beinahe-Katastrophe in allen Gliedern. Zu Hause schlichen wir uns ohne Abendessen ins Bett, begleitet von den Drohungen der Mutter, dass dies nun aber wirklich das letzte Mal gewesen sei, dass wir über die Stallzeit noch im Dorf hatten bleiben dürfen.

Der Wert einer Baumwiese

„Vier mal vier plus vier geteilt durch fünf" – ich konnte mich anstrengen, wie ich wollte. Die Zahlen tanzten vor meinen Augen, und während ich mir mithilfe meiner Eselsbrücke plus bedeutet und, da beides ein „u" im Wort hat, herzuleiten versuchte, ob ich bei plus abziehen oder dazuzählen muss, rief meine Hintersitzerin laut „vier". „Richtig, setzen!" Mit jeder Rechenaufgabe wurde es enger, der Kloß im Hals dicker, der Stein im Magen schwerer.

Mit dem Übergang in die dritte Klasse war die unbeschwerte Grundschulzeit vorbei. Unser neuer Klassenlehrer liebte Kopfrechnen und es schien ihm zu gefallen, die schwächeren Schüler zu demütigen. Dazu hatte er viele Methoden, derer er sich bediente, wahllos und regelmäßig. Zu Beginn jeder Rechenstunde musste sich die ganze Klasse aus ihren Bänken erheben. Das mussten wir sowieso, da beim Erscheinen des Lehrers im Klassenzimmer die Klasse zum Gruß aufstehen musste. Normalerweise folgte, wenn der Lehrer an seinem Pult stand, ein barsches „Setzen". Nur im Rechenunterricht musste man sich das „Setzen" verdienen. Und zwar durch Kopfrechnen.

Wer das Ergebnis als Erstes errechnet hatte, durfte sich setzen. Mit dieser „vier" hatte sich meine Hintersitzerin vor der Blamage gerettet, am Ende als Letzte noch zu stehen, während alle anderen schon mehr oder weniger lange saßen. Und mit jeder Aufgabe kam die Katastrophe näher …

Am liebsten hätte ich mich in einem Mauseloch verkrochen. Stattdessen starrte ich wie gelähmt auf die Katze, die groß und übermächtig vor mir stand. Die Mäuse, denen ich auf dem Zuckerrübenacker im Umkreis der Rübenhaufen ihre Löcher mit Rübenblättern zustopfte, damit ich sie – wenn sie beim Aufladen der Rüben aus ihrem Versteck unter den Haufen vertrieben wurden – möglichst lange mit der Mistgabel verfolgen konnte, fanden immer ein rettendes Mauseloch. Für mich gab es kein Entrinnen. Der Kater war gewillt, mich zu fangen und mich mit Haut und Haaren zu fressen. Langsam und genüsslich.

Als Strafarbeit würde ich heute Nachmittag Rechenaufgaben machen. Jede der in der Schule ungelösten fünfmal in Schönschrift. Das machte mir nichts aus. Im Gegenteil. Ich hätte noch viel mehr Rechenaufgaben gemacht, von mir aus jede Aufgabe 100-mal in Schönschrift – wenn mir damit diese Schmach erspart geblieben wäre, als Letzte stehen zu bleiben. Noch schlimmer aber war die lähmende Angst, die sich wie Nebel ausbreitete, in dem Zahlen und Buchstaben verschwammen, bevor sie zu einem Wort oder einer Lösung zusammenfanden.

Dasselbe Spiel wiederholte sich im Sportunterricht. Hier wurden zu Beginn immer zwei Gruppenführerinnen benannt, die Lieblingsschülerinnen des Klassenlehrers, die sich ihre Gruppe wählen durften. Alle Mitschüler standen im Halbkreis um diese Führerinnen, die abwechselnd jeweils einen ihrer Klassenkameraden aufriefen. Der Letzte musste von der Gruppe aufgenommen werden, die als nächste hätte wählen dürfen. Damit durfte man zwar mitmachen, konnte sich aber sicher sein, dass man hier nicht willkommen war, und dies hatte Folgen, die über die Sportstunde hinausreichten, und zwar weit hinaus bis in die nächtlichen Albträume. Immer dieselben Träume: Beim Wettrennen im Schulhof bringe ich keinen Fuß vor den anderen, da sie bleischwer am Boden haften, als ob die Schuhe voller Feldsteine wären. Schlimme Albträume enden mit dem Aufwachen. Der Sportunterricht endete dagegen mit den Kommentaren des Lehrers und dem Ausgelacht-Werden durch die Mitschüler.

Am schlimmsten aber waren die Minuten, in denen der Lehrer am Fenster stehend das Lagerhaus der Genossenschaft im Blick hatte und über die Bauern herzog, die dort Dünger, Saatgut, Milchaustauscher oder auch nur Melkfett und Bindegarn abholten. Je nach Jahreszeit.

An Regentagen, wenn alles etwas gemütlicher ablief, standen sie außen vor der Laderampe auch mal für einen Schwatz beisammen, und das war ausgerechnet die Stelle, die von unserem Klassenzimmer am besten einsehbar war. *Da könnte man die vielbeschäftigten Bauern mal wieder sehen, die nichts Besseres zu tun hätten, als stundenlang auf der Straße rumzustehen.* Mit meinen Stoßgebeten, dass doch bitte nicht gerade jetzt mein Vater dort auftauchen möge, hoffte ich auf Hilfe von oben.

Es war ein ständiger Spießrutenlauf, vor dem Lehrer nicht als Bauerntochter aufzufallen. Allmorgendlich galt es, die Geruchskontrolle zu bestehen. Vor dem Unterricht ließ der Lehrer immer ein paar Schüler nach vorne kommen, um zu testen, wer nach Stall stank oder schwarze Ränder unter den Fingernägeln hatte. Es traf eigentlich immer dieselben: nämlich die Schüler, die zu Hause im Stall helfen mussten oder bei denen der Stall unter der Wohnung war. Sie wurden nach Hause geschickt, damit sie sich erst mal waschen sollten, bevor sie zur Schule kämen. Ich habe mich geschämt, auch wenn ich die Geruchskontrolle immer bestanden habe. Ich habe mich stellvertretend geschämt. Denn ich war ja eine Bauerntochter und gehörte damit zu denen, die allein durch ihre Geburt anscheinend das unsichtbare Mal der Rückständigen sowie geistig und finanziell Unterbemittelten auf der Stirn trugen.

„Du Bauer" war ein oft verwendetes Schimpfwort auf dem Schulhof. Im selben Tonfall wie „Du Trottel" meist arglos dahingesagt – aber genauso war es auch gemeint und genauso kam es an. Mal wie ein Hieb mit einer Faust, mal wie ein Nadelstich.

Später in der Realschule waren es die Landkarten im Erdkundeunterricht, die mir Respekt einflößten.

Die pädagogische Übung bestand darin, zu Beginn der Schulstunde jeweils einen Schüler an die Landkarte zu rufen, um ihn Länder und Städte zeigen zu lassen. Ich stand jedes Mal wie festgewachsen vor der Karte, bemühte mich krampfhaft, die Landkarte nur mit den Augen nach den genannten Zielen abzusuchen und dabei niemals den Kopf zu bewegen, um nicht voreilig zu zeigen, dass ich keine Ahnung hatte, in welchem Teil der Karte die Stadt liegen könnte. Wo um Himmels Willens liegen Bremen oder Berlin? Oder gar Sizilien oder Ungarn?

Ich hatte nicht den blassesten Schimmer, und dies blieb selten unbemerkt und niemals unkommentiert. Während nach den

Sommerferien die Schulkameraden vor der Landkarte standen und sich gegenseitig die Orte ihrer Familienurlaube zeigten, stand ich mit vom Strohballenladen zerstochenen Beinen daneben und konnte nur staunen. Das absolute, selbst in den kühnsten Träumen undenkbare Ferienziel hatte ein Mitschüler mit seiner Familie besucht: den Vulkan Ätna auf Sizilien! Drei Weltwunder in nur einem Sommerurlaub: einen Vulkan, den Ätna und dann noch Sizilien. Dass der Schulkamerad mit seiner Familie in der Afriso-Siedlung wohnte, einem kasernenartigen Arbeiterwohnblock, den die Firma Afriso für ihre Arbeiter gebaut hatte und den meine Eltern beim Vorbeifahren immer etwas abschätzig kommentierten, spielte für mich keine Rolle. Er war fortan unter den Top Fünf meiner Bewunderungsskala. Also nach Heintje, Kaiserin Sissi, Susebill und Heidi mit ihrem Alm-Öhi.

Meine Sommerausflüge waren weit weniger spektakulär und im Radius sehr beschränkt. Möglich war alles, was zwischen zwei Melkzeiten passte. Immerhin! Unvergessen die Fahrt mit der Zabergäubahn bis zur Endstation nach Leonbronn. Dort gab es in der Bahnhofswirtschaft panierte Schnitzel mit Pommes und Cola! Der Inbegriff von Urlaub mit den Eltern! Abgesehen von den Grillwürsten beim Wandertag des Gesangsvereins war es das einzige Mal im Jahr, dass ich mit meinen Eltern „essen ging“ . Als Nachtisch durfte ich mit meinen Schwestern beim Verlassen der Wirtschaft noch aus der Langnese-Gefriertruhe ein Eis aussuchen. Die Wahl zwischen Nogger mit dem Schokoladenüberzug, Cornetto in der Waffeltüte oder Split mit dem orangefarbenen Fruchtüberzug fiel immer schwer und am Ende meist auf ein Nogger. Immerhin bekam man damit Eis und Schokolade.

Doppelter Nachtischgenuss! Die Eltern und Oma aßen auf dem Nachhauseweg die mitgebrachten schrumpeligen Äpfel aus dem Rucksack.

Ansonsten war das Ziel unseres Familien-Urlaubstages eine unserer Baumwiesen in der Rauhen Klinge. Schon in den Tagen zuvor hatte ich die Utensilien zusammengetragen, die für einen unbeschwerten Urlaubstag vonnöten waren: Ein Seil zum Seilspringen, Decken, um im Gras zu liegen, Bücher, um im Schatten der Bäume zu lesen, Zeitung und Streichhölzer, um Feuer anzumachen, und dazu kamen dann sonntagmorgens noch die Würste mit Brötchen und Ketchup. Ketchup gab es nur für diesen Anlass, also exklusives Sommerferien-Urlaubs-Ketchup! Sonntagmorgens nach dem Frühstück ging es los. Vater zog das Ziehwägelchen mit allem, was wir für unseren Urlaubstag brauchten. Unsere Wanderung führte uns über die Weinberge hinauf zum Sportplatz auf der Botenheimer Heide, wo Vater immer den Zustand unserer dort in der Nachbarschaft liegenden Baumwiesen begutachten musste, bevor es weiterging, an der Katharinenplaisier vorbei – einem Hofgut, das mir schon als Kind große Ehrfurcht einflößte; Goerdeler soll hier das Attentat auf Hitler geplant haben. Weiter vorbei an Tripsdrill mit der Altweibermühle, einer Rutschbahn in einer Windmühle, wo unten angeblich nur junge Frauen rauskommen. Und dahinter dann unsere Baumwiese. Ein herrlicher Urlaubsort – an einem Sonntag!

Hier wurden die Decken ausgebreitet, das Feuer angezündet für die Grillwürste, es gab ebenfalls urlaubsbedingt süßen Sprudel für die Kinder und Bier für die Eltern! Ein Festtagsessen! Und es wurde jedes Mal ein Festtag. Das Allerschönste war, dass die

Eltern Zeit hatten. Mit Vater und Mutter „Faules Ei" zu spielen war das Höchste. Wir stellten uns in einen großen Kreis – soweit mit 5 Personen ein Kreis zu machen war (Marlies, die Jüngste, war noch zu klein und hing an Mutters Rock). Einer rannte mit einem Taschentuch um den Kreis, ließ es möglichst unauffällig hinter einer Person fallen, um dann den Versuch zu starten, das Taschentuch wieder zu erreichen, bevor es bemerkt wurde. Dann musste der Schläfer zur Strafe und zur Schande in der Mitte sitzen. Hatte er jedoch das Taschentuch bemerkt, gab es ein Wettrennen. Denn holte er den Taschentuchwerfer ein, musste dieser in der Mitte sitzen. Ich hatte zuweilen das Gefühl, dass es für meinen Vater weder Strafe noch Schande war, in der Mitte zu sitzen. Wenngleich er nie das Gefühl vermittelte, das Taschentuch absichtlich zu übersehen.

An solchen Tagen habe ich verstanden, was meine Mutter wohl damit gemeint hat, wenn sie von dem Glück sprach, das wir doch hätten, so in freier Natur, mit großem Haus, riesigem Garten und Tieren aufzuwachsen. Der Wert einer Baumwiese zum Grillen und Faules-Ei-Spielen war tatsächlich unermesslich, wenngleich mir sonst auch ein bisschen weniger Natur ums Haus herum gereicht hätte, und auch auf die Kühe und Schweine mit ihrem verräterischen Geruch hätte ich zuweilen verzichten können.

Die Schluchtenbäuerin

Die Schluchtenbäuerin lebte in der Sommerhäldenhohle. Dort, wo der Graben am tiefsten und das Gestrüpp am dichtesten war. Sie zeigte sich nur, wenn Kinder nicht artig waren. In der Rauhen Klinge kamen in diesem Falle die Bären vom Tierpark Tripsdrill. Jeder Acker, jeder Weinberg hatte seine eigenen Schreckgestalten. Keine hatte sich jemals gezeigt. Sie waren irgendwie immer im Verborgenen, jederzeit bereit aufzutauchen, falls wir uns streiten würden oder quengeln, weil uns langweilig wurde. Trotzdem liebte ich die Nachmittage auf dem Feld, in den Weinbergen, in Reichweite der Eltern. Kein Schreckgespenst dieser Welt konnte dies trüben.

Samstags hatten wir nur alle 14 Tage Schule. Schon beim Aufwachen an diesen freien Tagen war alles anders als an anderen Tagen. Das Summen der Melkmaschine klang fröhlich, fast unbeschwert. Wie eine Melodie der Lieder, die Mutter beim Melken vor sich hin summte. Die Sonne schien heller, der Staub tanzte in den Sonnenstrahlen, die in den frühen Morgenstunden heißer Sommertage durch die schräg gestellten Lamellen der geschlossenen Fensterläden fielen. An Schultagen kündigten Sonnenstrahlen nichts Gutes an. An Schultagen war bei gutem Wetter morgens schon klar, dass wir den Nachmittag alleine zu Hause mit unseren Pflichten verbringen müssen, da die Eltern auf dem Feld oder in den Weinbergen sein würden, wenn wir aus der Schule kommen. An den freien Samstagen dazwischen standen die Chancen immer gut, dass wir mit raus auf das Feld oder in den Weinberg durften. Einzige Bedingung war, dass das Haus geputzt war.

Also war Freitagnachmittag Hausputz angesagt. Dazu gab es einen Arbeitsplan für mich und meine nächstjüngere Schwester Dorothea. Wie auf dem Stundenplan der Schule waren hier alle Tage der Woche, einschließlich Sonntag, aufgeführt. Holz für den Küchenherd aus dem Schuppen holen, spülen, abtrocknen, Esszimmer und Küche auskehren, im Keller die Kartoffeln für die Schweine abzupfen, Futterrüben aus dem Rübenkeller in die Scheune richten, die kleinen Schwestern im Kindergarten abholen, … Der Arbeitsplan begann dort, wo der Stundenplan aufhörte. An jedem Nachmittag, an jedem Wochenende. Die Aufgaben wurden fein säuberlich aufgelistet und tageweise zwischen uns aufgeteilt. Als wir merkten, dass ein tageweises Wechseln wenig nachhaltiges Arbeiten förderte – man konnte sich prima auf der gestern von der anderen gründlich verrichteten Arbeit ausruhen, ohne dass es sofort bemerkt wurde –, haben wir auf einen wochenweisen Wechsel umgestellt. Jetzt lohnte sich die Arbeit auf Vorrat, die sich in Rübenbergen in der Scheune und Holzstapeln in der Küche anhäufte.

Der Hausputz am Samstag oder Freitagnachmittag erforderte hingegen einen eigenen Plan. Kinderzimmer, Esszimmer, Bad,

Küche und „Hintenraus", also Wasch- und Futterküche, die einen Durchgang von der Küche in den Stall bildeten, mussten teils nur aufgeräumt und teils nass rausgewischt werden. Das Wohnzimmer schied aus, da es nur für Besucher genutzt und vorher geputzt wurde. Es gab beliebte, unbeliebte und regelrecht verhasste Räume. Beliebt war das Kinderzimmer, in dem sich zwar vier Kinder aufhielten, aber nur zum Schlafen. Wer dagegen das Esszimmer, Bad oder Küche erwischte, war für diesen Tag gestraft. Im Esszimmer lagen Berge von Kleidern zum Sortieren. Wir Kinder zogen uns dort morgens an, mittags nach der Schule um und abends vor dem Zubettgehen aus. Auf der Lehne des Sofas waren – wenn's gut ging – bis zu acht Kleiderhäufchen nebeneinander. Wenn's schlecht ging, dann waren die ehemaligen Häufchen bis zum Wochenende zu einem einzigen Knäuel vermischt. Meistens ging's schlecht. Spätestens wenn die Mitte der Woche überschritten war, ließen die guten Vorsätze der letzten Aufräumaktion wieder nach und das Chaos nahm seinen Lauf. Zumal wir das Sofa abends, während die Eltern zuverlässig im Stall beschäftigt waren, gerne als Ausgangspunkt für unsere Weitsprungwettbewerbe nutzten. Das hieß, ganz hinten auf das Sofa zu steigen, mit zwei oder drei Zwischensprüngen auf der federkerngepolsterten Sitzfläche Schwung holen, um möglichst weit über die Lehne hinauszuspringen. Dabei war es gar nicht zu umgehen, dass der Sofaüberwurf irgendwann von der Lehne rutschte und damit auch sämtliche Kleiderhäufchen. Dieses Knäuel wieder auseinanderzusortieren war ein nachmittaglanges Unterfangen. Der Wäschekorb blieb oft die letzte Lösung des Problems. Allerdings eine sehr schlechte. Denn man bekam die Sachen erst nach dem nächsten einmonatlichen Waschtag wieder zurück.

Samstag war Wengert-Spritzen auf der Tagesordnung. Das Schöne daran war, dass man an diesem Tag von einem zum nächsten Wengert zog und wir im Laufe des Nachmittags an allen unseren Lieblingsspielplätzen vorbei kamen.

Neben dem Mithelfen – wir Kinder wurden an den Durchgängen in den Wengertzeilen postiert, um den Schlauch weiterzuziehen, wenn Vater in die nächste Zeile wechselte – gab es immer noch ausreichend Zeit, um die Umgebung zu erkunden und zu spielen.

In der Sommerhälde gab es außer der Hohle mit der Schluchtenbäuerin noch ein Wengerthäuschen. Der Schlüssel lag über der Tür unter einem Dachziegel. Erst musste das Gras niedergetreten werden, damit sich die Holztür öffnen ließ. Die Dunkelheit, der kühle und feuchte Raum, der Modergeruch – all das machte das Sommerhäldenhäusle zu einem geheimnisvollen Ort, auf den ich mich immer freute. Links vom Eingang befand sich ein über die ganze Breite gemauertes, mit schwarzem Teer ausgestrichenes Wasserbecken. Das Becken war meist gefüllt. Die Wasseroberfläche wurde zum schwarzen Spiegel. Man sah nur sich selbst. Berührte man das Wasser, verzerrte sich das Bild in schwimmenden Ringen, die an den Rand des Beckens stießen. Unendlich tief schien es.

Gegenüber, unter der kleinen Fensteröffnung – der Holzladen musste von innen entriegelt und geöffnet werden –, stand ein ausrangiertes rotes Sofa. Der Bezug war auf der Sitzfläche an einigen Stellen durchgescheuert und die Rückenlehne an der Stelle, an der Opa einst bei seinem Nickerchen abends den Kopf angelehnt hatte, dunkel gefärbt und speckig vor Fett. Wir dachten uns Geschichten aus, vom Großvater, den wir nicht mehr kennengelernt hatten und der einst hier auf diesem Sofa gesessen hatte; vom Gespenst, das auf dem Grund des Wasserbassins lebte und nur herauskam, wenn es im Häusle dunkel war; von der Schluchtenbäuerin, die ganz alleine unterhalb des Weinbergs in der verwilderten Hohle lebte. Sie alle waren da – nur eben unsichtbar. Ich war mir ganz sicher, dass sie da waren. Manchmal antworteten sie uns sogar. Wir haben aber nie jemandem davon erzählt.

Der Gelstenwengert war mein Lieblingswengert. Er war der unserem Hof am nächsten gelegene Weinberg und man konnte ihn gut zu Fuß erreichen. Dorthin durften wir nach dem Geschirrspülen und Hausaufgabenmachen manchmal sogar unter der Woche ausnahmsweise noch nachkommen.

Der Erdweg zur Gelsten war im Sommer mit hohem Gras bewachsen und hatte im letzten Teil tief eingefurchte Fahrspuren. An den tiefsten Stellen stand nach Regentagen Wasser drin. Mit Gummistiefeln waren diese Pfützen ein Paradies. Stundenlang konnte ich mit meinen Schwestern hier spielen. Die Baumwiese am oberen Ende des Wengerts mit ihren alten knorrigen Apfelbäumen bot an heißen Sommertagen Schattenplätze. Auf einer alten Decke, die Mutter immer mit den Worten ausbreitete, dass sie es nur einmal in ihrem Leben so schön haben wolle wie wir. Im Schatten der Apfelbäume spielen, lesen oder schlafen. Letzteres hatte Mutter wohl gemeint, das Einzige, was mir und meinen Schwestern nie in den Sinn gekommen wäre. Stattdessen fanden wir auf der Wiese ein ganzes Sammelsurium an Pflanzen, mit denen sich die Zeit vertreiben ließ: Gänseblümchen, die man zu einem Haarkranz aufreihen konnte; Löwenzahn, dessen Pusteblume zum Wettpusten taugte: Wer mit einem Mal Pusten alle weißen Schirmchen zum

Fliegen brachte, hatte gewonnen. Klatschmohn, aus dessen halb geöffneten Blütenkapseln sich nette Püppchen basteln ließen; sogar der Baumstamm konnte beim Gummihüpfen die fehlende dritte Person ersetzen.

An einen der Baumstämme stellte Mutter auch immer den Korb mit dem Trinken. Ein aus Weiden geflochtener Korb, gefüllt mit – in nasse Handtücher gewickelten – Sprudelflaschen. Die Etiketten waren längst abgelöst, so oft waren sie schon über Nacht im wasserbefüllten Spülbecken gelegen. Dem Sommer haftete immer ein leichter Pfefferminzgeruch an. Jeden Abend wurde in den alten Milchtöpfen Tee aufgebrüht. Pro Milchtopf ein Beutel Meßmer-Pfefferminze mit einem gehäuften Löffel Zucker. Der schon etwas abgekühlte Tee wurde mit dem weißen Trichter in Sprudelflaschen abgefüllt und über Nacht zum Abkühlen in kaltes Wasser gelegt. Nach jeder Runde im Weinberg, eine Zeile runter, die nächste wieder rauf, gab es eine kleine Trinkpause im Schatten des Apfelbaumes.

Manchmal kamen die Nachbarn aus den anderen Wengerten gleichzeitig oben an, entweder zufällig oder man lief auch schon mal die letzten Meter trotz unerledigter Arbeit vollends hoch, wenn man die Stimmen der Nachbarn dort hörte, um ein paar Worte zu wechseln. „Seid ihr auch da?" war die Frage, die an dieser Stelle so sicher kam wie das Amen in der Kirche. Dann folgten ebenso treffsicher noch ein paar Sätze zum Wetter. „Ist das eine Hitze heute!", „Wenn es nur endlich ein paar Tropfen regnen würde" und spätestens bei dem Satz „Habt ihr schon gehört …?" spitzten auch wir Kinder unsere Ohren. Denn dann kamen immer die Neuigkeiten aus dem Dorf: Wessen Nachbar schwer erkrankt war, wo es einen Unfall gegeben hatte, wo die Hebamme gestern ins Haus geeilt war und in wessen Scheune die nächste Kuh „ausgehauen" wurde. Schon als Kind kannte ich die genannten Namen alle, wusste genau, um welche Dorfbewohner, um welches Haus, um welche Scheune es sich handelte. Und ich wusste, wie lange die Leinen der an den Hintereingängen angeketteten Hunde waren.

Abends, wenn die Eltern zum Füttern und Melken in den Stall gingen, war es Zeit, den Küchenherd anzufeuern, damit das Wasser für die erste Badewannenfüllung rechtzeitig warm würde. Vom Altpapierstapel eine Zeitungsdoppelseite rausziehen – niemals die Seiten mit den Traueranzeigen –, zerknüllen, mit dem Herdplattengreifer, der an der Leiste neben dem Herd an der Wand hing, die Platte zur Seite ziehen, um das Papier in das Herdloch zu werfen. Darauf einen Eimer mit gehäckseltem Rebenreisig und dann erst ein paar von den dünneren Holzscheiten, oben darauf zum Schluss ein oder zwei dickere.

Die Herdplatte wieder auf die Öffnung ziehen, den großen Wassertopf darauf und mit einem Streichholz die Zeitung-Reisig-Holz-Schichtung von der vorderen Herdtür aus anzünden.

Wenn im Sommer die Sonne auf den Kamin schien, gab es jeden Samstag dasselbe Desaster: Der Rauch quoll durch alle Fugen des Herdes in die Küche. Schnell öffneten wir das Küchenfenster und die Türen in Waschküche und Garten, damit der Rauch abziehen sollte. Mit viel Zeitungspapier – oben in das Herdloch gestopft und angezündet – versuchten wir, dem beißenden Qualm den richtigen Weg in das Kamin zu weisen. Samstagabende rochen zunächst nach Rauch, später dann vermischt mit grünem Fichtennadelschaumbad und dem Duft von frisch gebackenem Hefekranz.

Waldtage

So ganz unlieb war mir die Aufgabe des Holz-in-die-Küche-Holens gar nicht. Bei dieser Aufgabe im Wochenarbeitsplan konnte man wenigstens vorarbeiten, um am nächsten Tag eine Pflicht weniger zu haben. Mutter war zwar nicht begeistert von einem zu hohen Stapel an Holzscheiten neben dem Herd, aber das hielt uns nicht davon ab, die Scheite herdhoch vor dem Kamin zu stapeln. Daneben noch zwei Eimer mit Reisig: der ovale große Eimer, der innen durch die hauchdünn abblätternden Farbreste von *Xyladekor rehbraun* an Onkels Streichaktionen erinnerten, mit Waldreisig sowie der kleinere runde Eimer, bei dessen bloßem Anblick einem der scharfe Geruch des Melkmaschinendesinfektionsmittels in die Nase stieg, mit Rebenreisig.

Beide, Holzscheite und Reisig, waren vor deren letzter Station vor dem Küchenherd schon unzählige Male durch Kinder- und Erwachsenenhände gegangen und erzählten beim Stapeln Geschichten vom Wald und vom Weinberg. Wie sehr habe ich mir gewünscht, dass der Lehrer einmal das Aufsatzthema „Ein Holzscheit erzählt" wählen würde und ich endlich auch mal was zu schreiben hätte. Nein, stattdessen quälte ich mich mit „Was wäre, wenn Cola aus dem Wasserhahn käme“. Woher sollte ich das wissen? Bei uns kam Cola weder aus der Flasche noch aus dem Wasserhahn. Es gab kein Cola. Oder „Die Küchenuhr erzählt“ . Was sollte eine Küchenuhr erzählen, die jahraus, jahrein über dem Küchenschrank hing und im Kreis lief, nur ab und zu stehen blieb und mit dem Schlüssel, der im Uhrgehäuse gleich hinter dem Glas lag, aufgezogen wurde? Nichts würde sich ändern, wenn sie nicht da hängen würde. Und gesehen hatte die Uhr auch nichts weiter als das, was man von der Wand über dem Küchenschrank eben sehen konnte.

Die Holzscheite jedoch hatten den gesamten Radius meiner Welt kennengelernt. Sie kannten die Vögel des Waldes und waren stumme Zeugen von allem, was sich auf unserm Hof abspielte.

Wintertage, die zu kalt waren, um in den Weinbergen zu arbeiten, waren Waldtage. Waldtage waren deshalb immer kalt, dunkel und unheimlich. Selbst wenn Schnee den Wald aufhellte, blieb er kalt und unheimlich. Seit sich Hänsel und Gretel darin verirrt hatten, war das so, und Omas Unruhe, wenn die Eltern an den Waldabenden bei Einbruch der Dunkelheit noch nicht zurückgekehrt waren, verstärkte dies noch. Sie stand in ihrer Küche am Fenster, schob die Gardine einen Sichtschlitz breit zur Seite, um Ausschau zu halten nach dem mit Holz beladenen Schleppergespann, das mich und meine Schwestern aus der Obhut unserer Oma befreien sollte oder unsere Oma von uns erlösen. Je nachdem. Ihre Angst, es könnte was Fürchterliches passiert sein, steigerte sich von Minute zu Minute und ihre Unruhe war ansteckend. Die Uhr über der Küchenbank zählte diese Minuten mit ihrem gleichtönigen Ticken. Ich dachte an den vereisten abschüssigen Waldweg, auf dem der Traktor mit dem schwer beladenen Anhänger so leicht ins Rutschen kommen konnte, an die Kurve, wo es schon einmal einen Traktor den steilen Abhang hinuntergetrieben hatte, wie man uns an dieser Stelle jedes Mal erzählte. Die Angst steigerte sich zur Gewissheit, dass da was passiert sein musste. Anders war es nicht zu erklären, dass DIE bei Nacht noch nicht da waren. Sobald Rudolf vom Geschäft heimkommen würde, müsse er entgegenfahren und nachsehen. Irgendwie kamen sie dann doch immer vor Rudolf. Müde waren sie nach dem langen Tag, aber ansonsten putzmunter und es war draußen auch längst nicht so dunkel, wie das vom Küchenfenster ausgesehen hatte. Aber die Angst hatte sich tief eingefressen und wich nur langsam. Eigentlich wich sie nie so ganz. Die Furcht, es könnte etwas Schlimmes passieren und mich und meine Schwestern als Waisen zurücklassen, blieb. Deshalb war ich froh, als unsere Kinderhände stark genug waren, um im Wald helfen zu können. Dann wären wir wenigstens dabei, wenn etwas Schlimmes passierte. Der Wald mit seinem Labyrinth von vereisten steilen Wegen schien mir von innen nicht halb so gefährlich wie aus Omas Küche. Eigentlich war ich sogar gerne im Wald. Wenn Schnee lag, konnte man Tierspuren verfolgen, Hasen und Rehe, deren Spuren sich meist außerhalb des Radius verloren, innerhalb dessen wir uns bewegen durften, nämlich – in Gedenken an Hänsel und Gretel – niemals außerhalb der Sichtweite der Eltern. Man konnte Vögel beobachten in den Pausen, in denen wir uns abseits aufhalten sollten, um nicht von Baumstämmen getroffen zu werden, die mit der Seilwinde an den Wegrand gezogen wurden, sich manchmal verkeilten und dann plötzlich umherschnellten. Auch wenn Vater mit der Motorsäge hantierte, sollten wir aus dem Weg. Er trennte immer die Baumstämme, die über die Grenze des ersteigerten Flächenloses lagen, exakt an der Grenze durch. Mit roter Farbe waren die Flächenlose an den Eckpunkten markiert. Vor dem Versteigerungstermin hatte es einen obligatorischen Sonntagsausflug in den Wald gegeben, um die Flächenlose zu besichtigen und zu sehen, in welchem Los wie viel Brennholz zu holen war. Meist lagen die ganz großen Stämme noch drin, die von den Waldarbeitern als Möbelholz abtransportiert werden sollten oder die als Meterholz vorgesehen waren. Das war Brennholz für Leute, die entweder keinen Traktor und keine Motorsäge hatten, um ihr Holz selbst zu machen, oder mehr Geld und die daher die Schinderei des Holzmachens nicht nötig hatten.

Unsere Mithilfe war nach dem Entasten gefragt, wenn das feinere Reisig zu Bündeln zusammengetragen und dann ebenfalls an den Wegrand zum Anhänger geschleppt werden musste. Die Waldreisigbündel waren für ein Kind allein viel zu schwer. Gemeinsam schleiften wir sie über den Waldboden bis hoch zum Weg.

Faschingsferien hieß für uns Rebenlesen. So sicher wie im Herbst die Trauben gelesen wurden, wurden in den Faschingsferien die Reben gelesen. Rebe für Rebe musste vom frühjahrsfeuchten Boden, auf dem das erste frische Grün der Vogelmiere manchmal nach einem Schneegestöber nochmals weiß überdeckt war, aufgelesen und in Bündeln wieder abgelegt werden. Zeile für Zeile von unten nach oben. Den Wind im Rücken, damit die Kälte länger auszuhalten war. Je nach Windrichtung wurde der Weinberg für diesen Tag ausgewählt. Nur am Rosenmontag war jedes Jahr der Weinberg im Roth dran. Hinter Cleebronn zog er sich über zwei Gewanne hoch. Im oberen konnte man die Musikkapelle des Faschingsumzugs aus Stockheim hören. Wenn der Wind günstig wehte, sogar die Stimmen der Menschen, die am Wegrand dem Umzug zujubelten, und der Kinder, die am Straßenrand Bonbons aufsammelten.

Wenn kurz vor Feierabend die ewig schräg stehende Februarsonne endlich untergegangen war und sich die langen Schatten der Stickel und Rebschenkel aufgelöst hatten, holte Vater das Bündel mit dem Bindegarn vom Traktor.

Das Garn, von dem immer ein Büschel um den Beifahrersitz gebunden war, war bis dahin schon einige Male durch unsere Hände gegangen: Zuerst hatte es im vergangenen Sommer die Strohballen zusammengehalten, die wir Kinder auf dem Stoppelfeld zusammengetragen und dann erst unter dem glühenden Eternitdach gestapelt hatten, um sie im Laufe des Jahres wieder herunterzuwerfen. Vater streifte vor dem Aufschneiden der Strohballen immer das straff gespannte Garn zwischen zwei Fingern bis zum Knoten, schnitt es dort mit seinem Taschenmesser durch und hängte die Bindegarne an einen Nagel an der Scheunenwand. Die Knoten mit den Schlaufen immer links. An dieser Schlaufe sollten wir ziehen, falls wir mal eine Schnur brauchten, dann würden sich die Sisalfaden nicht verwirren. Das befolgten wir auch, weniger um das Verwirren des Sisalbündels zu vermeiden, als um keine Spuren zu hinterlassen. Vater mochte es nicht, wenn wir seine Schnüre nutzlos vergeudeten und er sie hinterher wieder irgendwo auflesen musste.

Jeweils eine Schnur wurde von Vater in der Mitte der Zeile auf den Boden gelegt, das von uns zuvor abgelegte Rebenbüschel darauf, mit dem rechten Knie zusammengedrückt und mit einem geübten Handgriff gebunden: Das lose Ende durch die Schlaufe gezogen, festgezurrt und mit einem Knoten, der sich durch Ziehen des losen Endes wieder lösen ließ, geknotet. Dann waren wir Kinder wieder an der Reihe: Büschel für Büschel musste rausgetragen und auf einen Anhänger geladen werden. Wenn wir Glück hatten und der Boden nicht gefroren war, wurde dies aufgeschoben auf den nächsten Frosttag, der die feuchte Erde hart machte, damit sie sich nicht mehr an unsere Gummistiefel anheftete und diese bei jedem Schritt schwerer machte. Waren in der Faschingswoche keine Frosttage mehr in Sicht, dann half alles nichts. Manchmal ließ sich die rutschige Erdsohle abschütteln, wenn nicht, wurde sie unten am Anker, an dem die schräg gestellten Endstickel festgehalten wurden, abgestreift.

So waren am Ende der Faschingsferienwoche alle Anker von Erdhäufchen umgeben und zu Hause im Hof war vor der Scheunenwand ein ganzer Berg von Rebenbündeln aufgehäuft.

Ganze Anhängerladungen von Stämmen, Ästen und Reisigbüscheln der Waldtage lagerten einen Sommer lang mitten im Hof und boten Sichtschutz beim Versteckspielen. Irgendwann im Spätsommer, in der ruhigen Phase nach der Ernte, kam der Holzsäger – Riedels Eugen. Selten wurde dessen Name genannt: Er war für alle im Dorf der Holzsäger. Mit seinem roten Cormick kam er angetuckert, hielt vor dem Schuppen an, stellte das Standgas hoch und ließ die angehängte Kreissäge schon mal warmlaufen. Wir hatten ihn schon kommen hören und standen bereit. Die

Arbeitsverteilung war klar: Wir Kinder mussten die Holzstämme und Äste vom Stapel mitten im Hof herbeischleppen. Vater legte sie auf die blank gescheuerte Metallfläche, der Holzsäger schob sie in Holzscheitlänge durch das Sägeblatt und Mutter stand dahinter, um die Scheite aufzufangen und in den Schuppen zu werfen, bevor sie auf den Boden fielen. Leichtere Äste konnten von uns jeweils alleine getragen werden, dann standen wir schon in der Schlange, schwerere Stämme brauchten die Kraft von zwei Kindern, dann mussten wir uns beeilen mit unserem Nachschub. Zum Glück benötigten dicke Holzteile auch mehr Zeit, die Säge kreischte lauter und länger und der Holzsäger griff öfter zu seiner Ölflasche, um ein paar Tropfen des schwarzen Schmieröls auf die metallene Fläche zu spritzen, über die die Holzstämme durch das Sägeblatt geschoben wurden. Seine Handschuhe waren entsprechend rabenschwarz.

Alle Handgriffe saßen, wortlos wurde gearbeitet. Der Viertaktmotor des Cormicks und das Kreischen der Säge ließen keine Unterhaltung zu. Erst in der Pause, die notwendig war, um das warmgelaufene Sägeblatt abkühlen zu lassen, wurden bei einem Glas Schorle und einer Butterbrezel ein paar Worte gewechselt. Über das Wetter, die Ernte, die Holzausbeute der diesjährigen Flächenlose. Richtig zur Arbeit ging es für uns Kinder aber erst, wenn der Holzsäger fertig war. Dann mussten die eilends in den Schuppen geworfenen Holzscheite platzsparend aufgesetzt werden. Zumindest die Kultiegge sollte vor dem Holz noch unterm Dach abgestellt werden können, und in dem Abteil rechts daneben wurden bald danach die ganzen Reisigbüschel gehäckselt. Dazu kam dann der Holzhäcksler, wieder Riedels Eugen mit seinem Cormick, nur eben diesmal mit einem Holzhäcksler angebaut.

Büschel für Büschel wurde auf den Einzug gelegt, das Bindegarn mit einem Ruck am losen Ende entfernt, säuberlich über einen Nagel gehängt. Die Knoten mit den Schlaufen immer links. Sobald die ersten Reben von den rotierenden Messern erfasst wurden, zog es den Rest des Bündels wie von Geisterhand in die trichterförmige Öffnung des Häckslers. Der Motor heulte bei jedem Büschel kurz auf und mit einem ohrenbetäubenden Scheppern wurden die Reben in kleine Stücke zerhäckselt und durch ein Rohr in den Schuppen geblasen – neben die aufgesetzten Holzscheite. So bildeten Holzstapel und Reisighaufen auf ihrer zweitletzten Station vor dem Küchenherd den Hintergrund vor dem, was sich über das Jahr in Hof und Scheune abspielte: Viele Anhänger fuhren an ihnen vorbei – Ladewagen voller Gras, Heu und Stroh, die großen Kipper mit frisch gedroschenem Weizen, Hafer und Gerste, das auf den Boden über dem Holz abgeladen wurde. Im Herbst dann die Fuhren mit Futterrüben.

Eimer für Eimer, Korb um Korb wurden Häcksel und Holzscheite im Laufe des Jahres über den Hof zum Haus getragen. Das gehörte zu den täglichen Pflichten, die auf dem Arbeitsplan geregelt waren, und so zählten der Holzstapel vor dem Kamin und die Eimer vor dem Herd zum festen Inventar unserer Küche.

An Regentagen standen die vom Futterholen durchnässten Gummistiefel vor dem Herd auf Zeitungspapier zum Austrocknen, an Wintertagen die Arbeitsschuhe zum Vorwärmen. Auf der Herdplatte befand sich immer ein Topf mit Wasser, das die Nachwärme der Herdplatte noch über Stunden speicherte und zum Spülen, zur Handwäsche von Socken und Pullovern oder zur Katzenwäsche von Gesicht und Armen gute Dienste leistete. Aus dem Wasserhahn kam bis Samstagabend nur kaltes Wasser, ganz egal, welchen der beiden Drehgriffe man aufdrehte. Da half auch der rote Punkt auf der linken Seite nichts.

Samstagabends aber wurde sommers wie winters fürs Badewasser angefeuert. Im Winter diente der Herd auch zum Beheizen von Küche und Esszimmer und das ganze Jahr über – außer an den heißesten Sommertagen – zum Essenkochen.

Neben dem Herd in der Küche gab es noch zwei Kessel, die mit dem Reisig angefeuert wurden: den Kartoffelkessel in der Futterküche und einen Waschkessel in der Waschküche. Im Kartoffelkessel wurden über den Winter täglich fünf Körbe Kartoffeln als Schweinefutter gekocht und im Wäschekessel beim einmonatlichen großen Waschtag die weiße Wäsche. In diesem Wäschekessel wurden einmal im Jahr, am Schlachttag, auch die Wurstdosen eingedünstet.

Auf dem Kühlschrank kühlten die Reste des Mittagessens in Pfanne und Schüsseln ab. Ihr Geruch füllte auch Stunden nach dem Essen noch den Raum. Die ausgewaschenen, vom mehrmaligen Gebrauch meist schon milchig trüben Gefriertüten klebten an den hellgelben Wandfliesen. In den Milchtöpfen mit den abgeschlagenen Henkeln säuerten die Milchreste vor sich hin, um als Luggeleskäs den Weg auf den Tisch zurückzufinden. Mit den roten Ostergrußrettichen aus dem Garten zusammen war dies eine Delikatesse.

Ungeöffnete Post wurde auf der linken Ecke des Küchenbuffets abgelegt und nach dem Öffnen sortiert. Alle wichtigen Schreiben, wie Kontoauszüge, Milchgeldabrechnungen und Rechnungen von Lagerhaus und Tierarzt, wanderten in den Oberschrank des

Buffets, neben die Teller. Alles andere landete in der Ecke der Eckbank zwischen Heilbronner Stimme, Landwirtschaftlichem Wochenblatt und dem Kirchenblättle.

Unsere Küche war das krasse Gegenstück zu den schicken Einbauküchen in den neu gebauten Einfamilienhäusern der Schulfreundinnen. Diese durchgehenden Arbeitsflächen, noch nicht mal mehr für einen Holzherd unterbrochen, waren immer blitzblank geputzt. In den Küchen konnte man schon am frühen Nachmittag weder riechen noch sehen, was es zum Mittagessen gegeben hatte. Die Geschirrtücher waren hinter einem Übervorhang versteckt, der mit blauen Kreuzstichen bestickt einen Milchtopf zeigte – mit unversehrtem Henkel. So wie alles unversehrt und makellos war, etwa die dunkelgrünen Wandfliesen mit gelborangefarbenem Blütenmuster, die irgendwie schicker wirkten als unsere hellgelben, und das trotz der aufgeklebten Prilblumen. Derentwegen gab es regelmäßig Ärger und zwar immer dann, wenn die Prilflasche vorschnell leer war und wir in den Verdacht gerieten, der nächsten drei Prilblumen wegen den Verbrauch unnötig erhöht zu haben.

Sparen sollten wir dort, wo es nicht wehtat. Also an Spülmittel und Klopapier zuallererst. Aber auch an Stiften, Radiergummis und Schreibheften – die Anweisung eines Lehrers, bei einem neuen Thema bitte eine neue Seite zu beginnen, erzürnte meine Mutter derart, dass sie dies beim nächsten Elternabend vor versammelter Müttergemeinschaft zur Sprache brachte. Dabei wäre ihr Schlepper, eingereiht zwischen den Autos der anderen Eltern auf dem Parkplatz vor der Schule, schon peinlich genug gewesen.

Genau genommen wurde an allem gespart. Was man nicht verbraucht, muss man nicht erarbeiten. So einfach war die Devise.

Alles wurde gedreht und gewendet, brüchige Stellen an Kleidung ausgebessert, Socken gestopft, Hosenbeine angesetzt, von einem Kind ans nächste weitergegeben.

Auch Essensreste wurden aufgewärmt, weiterverarbeitet und erst, wenn sie ungenießbar waren, in den Saueimer gekippt – mit allem, was in Schweinemägen noch halbwegs verwertbar war. So gesehen fast allem. Selbst Angebranntes in Töpfen und Pfannen wurde erst mit klarem Wasser eingeweicht, damit die schwarzen Klumpen im Saueimer entsorgt werden konnten und niemals ungenützt den Abfluss verstopften.

Vier Töchter

Wie jeden Sonntagmorgen wurden unsere Kühe auch an jenem kalten Januarmorgen 1971 gestriegelt. Immer, wenn die Stallarbeit beendet war, wurde das Fell der Kühe gebürstet, damit auch sie bemerken sollten, dass es Sonntag war. Erst mit dem groben Zackenstriegel, dem Bollenkratzer, die angetrockneten Scheißbollen an den Hinterflanken abkratzen, dann mit einer Kuh-Bürste vom Bürstenmann den Staub aus dem Fell bürsten, vom Hals bis zu den Hinterbeinen. Nach drei oder vier schwungvollen langen Bürstenstrichen fuhr Vater mit dem Bollenkratzer durch die Bürste, um die Fellhaare rauszukämmen und klopfte die Bürste dann noch kräftig gegen den Kratzer – der Staub tanzte im Gegenlicht und die geübten gleichmäßig ausgeführten Bewegungen gaben mit ihren Geräuschen einen meditativen Takt. Zum Schluss hat er den Schwanz durchgekämmt und manchmal mit der rostigen Schwanzschere geschnitten.

Eine nach der anderen kam an die Reihe, angefangen vorne bei Olga, aufgehört ganz hinten bei Marlene, unserer Schönsten – einer Herdbuchkuh. Vater hatte sie bei einer Fleckviehversteigerung in Herrenberg für viel Geld erstanden. Seitdem war sie der Stolz der Familie, die unseren Kuhstall etwas vom Durchschnitt der herdbuchlosen Ställe abhob. Und Marlene bekam als Letzte immer noch ein paar besondere Striegeleinheiten, dass ihr Fell auch wirklich wieder wie damals in der Herrenberger Versteigerungsarena glänzte.

An jenem Sonntagmorgen striegelte Vater besonders gründlich. Den Nachbarn, die zum Milchholen kamen, erklärte er, dass heute ein besonderer Festtag sei, heute würde der Sohn geboren. Vor lauter Vorfreude vergaß er an diesem Sonntag – zum allerersten und einzigen Mal – seine Pflichten als Kirchengemeinderat. Laut Plan hätte er nach dem Gottesdienst das Opfer zählen sollen. Der Pfarrer hat es mit der Messnerin gemeinsam gezählt und beide rätselten, was bei Siegels wohl passiert sein könnte.

Als wir an diesem Sonntagmorgen aufwachten, war der kleine Koffer, der seit Tagen schon im Flur stand, weg. Der Nachbar vom übernächsten Hof, Willfried, hatte Mutter mit dem Auto ins Krankenhaus gefahren. Vater hatte ihn, nach dem Einsetzen der Wehen, durch Klopfen ans Schlafzimmerfenster alarmiert. Nun warteten wir auf die Nachricht von der Geburt unseres Geschwisterchens. Die Nachricht würde wieder über die Nachbarn kommen – nur sie hatten ein Telefon. Vater überbrückte das Warten mit Kühestriegeln.

Dann kam die Nachricht: eine Tochter! Die vierte Tochter! Vier Töchter und kein Stammhalter. Hauptsache gesund, war die Reaktion vieler auf die frohe Botschaft der Geburt der vierten Tochter.

Ja – man hatte auf einen Sohn gehofft. Schon bei mir, der Ältesten, zehn Jahre zuvor. Dann bei der Geburt von Dorothea zwei Jahre später. Wir beiden Älteren erblickten noch – wie alle Kinder im Dorf – das fahle Licht der Welt zu Hause hinter geschlossenen Schlafzimmergardinen. Frau Rechkemmer, die Hebamme, eilte in den 1960er Jahren mit ihrem Fahrrad von Haus zu Haus, kannte alle Schlafzimmer und erklärte diese nach ihrer Ankunft bei den in Wehen liegenden Frauen zur Sperrzone für Männer.

Bei der Geburt von Martina sieben Jahre danach schwand die Hoffnung auf einen Sohn, und nun, zehn Jahre später, musste sie mit der Geburt von Marlies endgültig begraben werden.

Vier Töchter und kein Stammhalter! War es die Sorge unseres Vaters, dass mit ihm Generationen von Bauerntum beendet sein würden? Dass er der Letzte wäre, der die Stalltür schließen würde. Das war die Schlimmste aller Befürchtungen: eine geschlossene Stalltür. Keine Tiere, kein Heu, keine Milch, kein Kühestriegeln am Sonntagmorgen.

Dazu der letzte Siegel – die älteren Brüder lebten in der Stadt und einer in Kanada –, auch sie hatten alle nur Mädchen. Viele im Dorf hofften auf einen Stammhalter. Eigentlich alle Bauern und Handwerker, für die der Fortbestand ihrer Betriebe von einem Sohn abhing. Denn nur Söhne waren als Hoferben vorgesehen. Mädchen kosteten in erster Linie Geld, bis ihre Ausbildung finanziert war, bevor sie dann wegheirateten.

Es waren aber vielmehr die Reaktionen der anderen und nicht das tatsächliche Erleben einer Benachteiligung, die uns das Gefühl des fehlenden Stammhalters und Hoferben vermittelt hatten. Ob sie denn auch mal sehen dürfte, wie das vierte Mädchen aussehe, wurde Mutter wohl bei einem Sonntagmittagsspaziergang mit dem Kinderwagen auf der Straße von einer Schulkameradin angesprochen. Das war dieselbe Schulkameradin, die nach der Geburt ihres Sohnes meinte, dass ein Sohn eben doch etwas ganz anderes sei. Als dessen schwere geistige Behinderung diagnostiziert wurde, bekam dieser Satz eine ganz andere Bedeutung.

Hauptsache gesund! Das war ernst gemeint.

Dorothea und ich freuten uns riesig auf unser Geschwisterchen. Wir hatten – im Gegensatz zu allen anderen – auf ein Schwesterchen gehofft. Kleine Jungen schienen uns langweilig, sowohl von den Kleidern als auch von der Frisur her. Kleine Schwestern konnte man hübsch anziehen und Zöpfe flechten. So war unser Plan. Dieses Mal durften wir bei der Namenswahl sogar mitreden. Vater wollte zum vierten Mal einen Alfred, benannt nach seinem im Krieg gefallenen älteren Bruder. Wir fanden den Namen so schrecklich altbacken und hofften schon deshalb, dem armen Kind möge dieser Namen erspart bleiben. Wir wünschten uns eine Marlies, und zu ihrem Glück bekamen wir sie auch.

Fortan gab es zwei Große und zwei Kleine. Die Rollenverteilung war klar: Die Großen hatten auf die Kleinen aufzupassen. Das war einfach so. Wie hätte es auch anders sein sollen? Und es hatte ja auch gute Seiten. Solange der Korbwagen im Wohnzimmer stand und die Kleinen gestillt wurden, war Mutter viel mehr zu Hause. Außerdem kamen in den ersten Wochen jede Menge Besucher ins Haus. Alle Verwandten, Nachbarn und Mutters Freundinnen machten Wochenbettbesuche und brachten Geschenke für die Kleinen und Schokolade für die Großen.

Als Marlies aus dem Korbwagen herausgewachsen war, bekamen Dorothea und ich ein eigenes Zimmer. Vier Betten im kleinen Kinderzimmer waren dann doch zu viel. (Die Landsiedlung hatte bei der Planung der Aussiedlerhöfe moderne Zwei-Kind-Familien berechnet.) Ein richtiges Jugendzimmer mit neuen Möbeln vom Möbelhaus Bierstorfer. Und einen Teppichboden! Zwar nicht den erträumten langflorigen rosafarbenen, sondern schwarz-grau melierte Hartfilzplatten, die man notfalls hätte einzeln austauschen können. Wir waren trotzdem glücklich. Die Hausaufgaben machten wir weiterhin am Esstisch, von wo aus die Kleinen nebenher beaufsichtigt werden konnten. Doch abends konnten wir vor dem Einschlafen noch lesen oder reden, solange wir wollten. Wobei nicht jeder Abend friedlich endete.

Dorothea holte die zwei Jahre Altersunterschied, die sie mir eigentlich unterlegen war, bald auf. Sowohl an Körpergröße als auch an Ehrgeiz. Sie war in der Schule bald die Klassenbeste und erwähnte dies bei allen unpassenden Gelegenheiten. Notgedrungen musste ich mich manchmal mit meiner kräftemäßigen Überlegenheit zur Wehr setzen. Manches ging dabei zu Bruch. Noch bevor wir in die Schule kamen, haben wir uns um einen Besen gestritten. Hinten in der Ecke beim Heizkörper im Esszimmer war unsere Kinderspielecke mit einer kleinen Truhen-Bank, einem Tisch und vielerlei Spielsachen, darunter Kutterschaufel und Besen für Kinderhände. Ab und an kam es vor, dass wir beide zur selben Zeit die gleichen Ideen hatten. Da man mit einem Besen nicht zu zweit kehren kann, ergab sich daraus zwangsläufig ein Machtkampf. Den hätte ich bestimmt für mich entscheiden können, wenn Dorothea nicht so fürchterlich gebrüllt und damit Mutter auf den Plan gerufen hätte. Mutter entschied den Streit mit einem einzigen Handgriff: Sie riss uns den Besen aus den Händen, zerbrach den Besenstiel über ihrem Knie und warf ihn, ohne auch nur ein einziges Wort zu sagen, in der Küche ins Herdfeuer. Wir waren derart schockiert, dass wir den Grund unseres Streites schlagartig vergessen haben!

Später, wir waren längst in der Schule, war es der Glaseinsatz in einem Teil der Doppel-Tür zwischen Ess- und Wohnzimmer, der einem fliegenden Schuh nicht standgehalten hat. Dorothea hatte geworfen, ich hatte mich gebückt. Zu Unrecht, wie sie meinte, aber das half nichts: Die Scheibe fiel klirrend aus ihrem Holzrahmen und lag in tausend Splittern um den Schuh verteilt. Die Schuldfrage zwischen Werfer und Wegducker war augenblicklich unwichtig. In vollkommener Einigkeit erwarteten wir den Abend, bis die Eltern heimkommen würden.

Die ganz große Standpauke fiel überraschenderweise aus. Es war nur das Übliche: Dass wir es zu Hause doch schöner hätten als die Katze hinter dem Ofen, und falls wir uns hier nicht zu benehmen wüssten, müssten wir demnächst mit raus zum Helfen. Nachdem bei dieser Rechnung die beiden Kleinen nicht mit einbezogen waren, die wir ja neben dem Schuhewerfen gehütet hatten, war die Drohung nicht wirklich ernst zu nehmen. Was hätten wir denn draußen zu viert machen sollen? Mutter wäre angst und bange gewesen. Ohne uns hatte sie wenigstens dort ihre Ruhe. Das hatte sie oft genug gesagt.

Am Ende kam die Mutter von Dorotheas Schulfreundin Gaby, von der Firma Fensterbau Moser, befand das Ganze als überhaupt nicht schlimm, nahm Maß und erklärte es zum Versicherungsfall. Nur ein kleiner Wermutstropfen blieb: Das Original-Glas, ein bronzefarbenes Strukturglas, gab es nicht mehr. Kurzerhand wurde das am ähnlichsten aussehende Glas genommen und jeder sich darüber wundernde Besucher wurde über den Grund der unterschiedlichen Glaseinsätze in allen Einzelheiten aufgeklärt.

Die Kleinen wurden nebenher groß, wenngleich nicht immer reibungslos. Manchmal wollten sie nicht nur nebenher alleine spielen, während wir Großen mit den Hausaufgaben oder anderweitig beschäftigt waren. Auch die Rollenverteilung war nicht immer zweifellos klar. Ausgerechnet Marlies, die Jüngste, fühlte sich zur Hüterin über die elterlichen Ge- und Verbote erkoren und petzte gerne. Einmal hatten wir die Stallzeit und damit die sichere Abwesenheit der Mutter ausgenutzt, um auf dem Sofa das verbotene und beliebte Weithüpfen zu veranstalten. Jedenfalls ging Marlies, die den Riegel der Stalltür kaum alleine bewegen konnte, dorthin, um unsere Missetaten brühwarm zu berichten. Voller Genugtuung berichtete sie uns die Drohung des Vaters, dass – falls er reinkommen müsse – „alle viere den Ranzen voll bekämen".

Auch diese Drohung war haltlos, wir wurden von unseren Eltern nie geschlagen. Es gab Schlimmeres! Wenn die Eltern enttäuscht von uns waren und dies spüren ließen, wirkte das viel nachhaltiger, als es eine Ohrfeige je hätte tun können.

Martina und Marlies sind in einer ganz anderen Welt aufgewachsen als Dorothea und ich ein knappes Jahrzehnt davor. Vieles hatte sich in den wenigen Jahren verändert. Viele Handarbeiten in Haus und Hof gehörten der Vergangenheit an. Eine Waschmaschine hatte den großen einmonatlichen Waschtag abgelöst. Draußen gab es Einzelkorn-Saatgut für Zuckerrüben, das die zeitaufwendige Bückarbeit beim Vereinzeln der aufgegangenen kleinen Pflänzchen erübrigte. Das einachsige Solo Minor, das mit seinem dröhnenden Gebläse gleich drei Wengertzeilen gleichzeitig mit dichtem Nebel aus Spritzbrühe überzog, strich die samstäglichen Spritzausflüge von Weinberg zu Weinberg aus dem Kalender. Nach und nach kamen Maschinen auf den Hof, die die Arbeit erleichterten, aber alle erst bezahlt werden mussten. Das Sparen ging weiter. Trotzdem fuhren Vater und Mutter einen Winter lang mit dem Traktor zur Fahrschule, um den Auto-Führerschein zu machen. Ein orange-schlammfarbener Fiat Fiorino Combi war die revolutionäre Errungenschaft Ende der 1970er Jahre. Die Marke war der einfachen Tatsache geschuldet, dass Herr Riedel im Dorf eine Fiat Werkstätte hatte. Viele im Dorf fuhren Fiat.

Martina und Marlies durften - dank Fiat - den Kindergarten im Dorf besuchen. Zusammen mit den Kindern der Nachbarhöfe. Mittags um viere, wenn alle Autos, oder zumindest deren Fahrer, auf den Feldern waren, blieb es die Aufgabe von Dorothea und mir, mit unseren Fahrrädern zum Kindergarten zu radeln, um mit der Kinderschar zu Fuß nach Hause zu trödeln.

Es war die Zeit, in der sich die Freundinnen nachmittags trafen, um die in der großen Pause im Schulhof begonnenen Spiele weiterzuspielen oder im Sommer ins Freibad zu gehen. Wir wären zu Hause schon zu viert zum Spielen, so die Meinung der Eltern, und für den zweiten Fall wurde Wasser in einen grünen CHEMO-Traubenzuber gefüllt, der bis zur nächsten Weinlese ohnehin unnütz in einer Scheunenecke stand. Damit war das Thema Freibad abgehakt. Später stauten wir mithilfe von Ästen und Grasbüscheln den Herrenwiesenbach, worin man herrlich baden konnte. Dies führte regelmäßig zu nächtlichen Einsätzen des Vaters, der bei schweren Gewittern unseren Staudamm beseitigen musste, damit die umliegenden Felder nicht überschwemmt wurden.

Auch unsere Lager, gebaut aus Heuböcken, Getreidesäcken und Wäscheklammern, waren herrlich zum Spielen – jeweils bis zum nächsten Unwetter, das sie zerfleddert und durchnässt hinterließ.

Spiele, bei denen der Altersunterschied von uns Großen zu den Kleinen keine Rolle spielte, gab es jede Menge. In den Sommerferien durften immer noch Bäsle und Vetterle zuerst bei uns und danach wir bei denen übernachten. Überall surrte morgens und abends der Melkmaschinen-Motor und dröhnte tagsüber die Heubelüftung. Überall roch es nach Kühen, Schweinen, nach Heu und Pfefferminztee. Aber bei den Verwandten im Dorf summten die Motoren melodischer und der Tee schmeckte viel besser. Sogar die kuhwarme Milch schmeckte nach Ferien und viel weniger nach Kuh.

Einen Bruder haben wir nicht vermisst. Damit haben sich auch die sonst klassischen Rollenverteilungen erübrigt. Den Traktor bei der Rübenernte durften wir im Wechsel fahren und auch bei allen anderen Arbeiten musste Vater mit seiner „Weiberwirtschaft" – wie er im Spaß sagte – klarkommen. Und er kam klar damit. Gut sogar. Besser, als er mit einer Männerwirtschaft klargekommen wäre. So hat er das später – auf unsere bohrenden Nachfragen hin – reumütig zugegeben. Von vier Töchtern sind drei in der Landwirtschaft geblieben. Nacheinander und manchmal auch miteinander waren wir da, um die Kühe zu melken und Heu zu machen, Marmelade zu kochen und Brot zu backen. Während der Krankheit unserer Mutter war ich es, die die Lücken stopfte; nach und nach kamen die Kleinen aus der Schule und blieben ebenfalls ein Jahr zu Hause, das Pflicht-Jahr, das schon früher niemandem geschadet hat. Am Ende hat Martina, die Zweitjüngste, den

Hof übernommen und bewirtschaftet ihn gemeinsam mit ihrer Familie bis heute.

Die Stalltür wurde trotzdem geschlossen, denn es waren nicht die fehlenden Söhne, die über den Fortbestand von Höfen entschieden. Es war die Spirale des Wachsens oder Weichens, die zur Spezialisierung zwang und dabei viele aus der Kurve warf. Mit oder ohne Sohn.

Unserem Vater hat das Herz geblutet, als die Kühe den Stall verließen. Eine nach der anderen, sobald sie nicht mehr trächtig oder wegen sonstiger Wehwehchen abgängig wurden. Noch lange melkte er die letzten zwei Kabakühe für den Milchbedarf von uns und den Nachbarn. Solange die Nachbarn noch täglich auf den Hof kamen und es im Stall noch Muh machte, war es für ihn noch erträglich. Ein Abschied in Raten. Aber die Fahrten des Schlachters mit seinem Viehanhänger, montagmorgens, zu nachtschlafender Zeit, rückwärts an die hintere Stalltür, waren gezählt. Bei seiner letzten Ankunft lag Vater im Krankenhaus und musste es nicht miterleben. Vermutlich hat er dort die ganze Nacht davor nicht geschlafen.

Erst später konnte er den Freiheiten etwas abgewinnen, die die leeren Kuhplätze hinterlassen hatten: am Sonntagmorgen länger liegen bleiben dürfen und abends nicht mehr zu festen Zeiten daheim sein müssen. Sogar das Reisen hat er noch entdeckt und mit Begeisterung Kuhställe in anderen Regionen Deutschlands besichtigt.

Milchhäusle

Die Nummern gingen von 1 bis 32. Die 11 gehörte uns. Sie stand auf der Karteikarte, die in dem Kartenhalter gleich links neben der Türe des Milchhäusles hing. In drei Reihen nebeneinander gab es für jede Karte ein schräg aufgestelltes Fach, sodass man die Nummern und die jeweils dazugehörenden Namen der Milchbauern lesen konnte. Und, wenn man sich ein wenig anstrengte, auch den Stempelaufdruck der abgelieferten Milchmenge darunter. Alle strengten sich immer an. Für jeden Tag des Monats waren zwei Stempelfelder vorgesehen. Hier wurde die Milchmenge aufgedruckt, die von dem jeweiligen Milchbauern nach den Melkzeiten abgeliefert worden war.

Morgens waren es die Bäuerinnen, die mit den Milchkannen hierherkamen, abends ihre Söhne oder Töchter. Mit dem Fahrrad oder einem Leiterwägele. Je nach Anzahl und Größe der Milchkannen. Diese wurden auf eine Rampe gehievt, dann stellte man sich in die Reihe der Wartenden und schob – ins Gespräch vertieft – die Kannen mit den Füßen vor sich her, bis man an die Reihe kam.

Leonhards Maria war die Chefin des Milchhäusles. Sie war die gute Seele des Dorfes und, wenn sie die Bauern mal wieder zurechtwies, weil sie wegen der Nachzügler mit dem Putzen warten musste, auch schon mal die bissige alte Jungfer.

Für uns Kinder war sie Tante Maria. In ihrer Garage trafen sich an heißen Sommertagen spätnachmittags zweimal die Woche Bauernkinder, um ihre Essiggurken und Maiskölbchen abzuliefern. Man musste rechtzeitig da sein, bevor der Lastwagen der Firma Hengstenberg - von Dorf zu Dorf fahrend - ankam, um die Ernte unzähliger Kinderhände einzusammeln.

Im Verkaufsraum der Weingärtnergenossenschaft führte Tante Maria mit einem stets frisch gespitzten Bleistift und mit angestrengtem Blick über den Brillenrand die Verkaufsliste, sortierte die Münzen in die Kasse, beklagte sich über das zusätzliche Formular, das sie nun ausfüllen müsse, und bemerkte, wenn Weinkunden fernblieben. Und an Rosenmontag bewahrte sie die Kinder im Dorf alljährlich ab zwei Uhr nachmittags vor den heidnischen Faschingsumzügen und der teuflischen Versuchung, sich gar selbst zu verkleiden, indem sie uns in ihrem Wohnzimmer bei Kaba und Hefezopf biblische Geschichten erzählte. Von Jesus, der alle Kinder lieb hatte, sofern sie sich nicht als Cowboy oder Prinzessin verkleideten. Hirten und Engel waren dagegen erlaubt, aber auch nur an Heiligabend in der Kirche.

Mit ihrer langen weißen Plastikschürze stand Tante Maria jeden Morgen und jeden Abend im Milchhäusle neben der Milchwaage. Eine Dreckspur auf dem gefliesten nassen Boden führte vom Eingang direkt zu ihr. Sie hatte sich unter den Gummistiefeln der in einer Schlange wartenden Dorfjugendlichen und Bäuerinnen gebildet, die ihre Kannen mit den Füßen vorwärtsschoben. Sie nahm die Karteikarte in Empfang und steckte sie in einen Schlitz der Milchwaage. Wenn die Milch des Vorgängers vollständig in den Sammeltank abgeflossen war, der Schwimmer auf dem Boden auflag, durfte man seine Milchkannen hineingießen.

Dieser Schwall weißer Milch, der sich mit jeder Kanne schäumend in die Wanne ergoss, weckte in mir als Kind Ehrfurcht. Respekt vor diesem Lebensmittel, das strahlendweiß aus dem Stall voller Mist und Gestank herauskam. Als sichtbares und mit einem Schwimmer messbaren Ergebnis der allmorgendlichen und allabendlichen Stallarbeit, des Strohballenstapelns oben auf dem Stallboden unter dem glühenden Eternitdach, des Heumachens, während die Freundinnen sich im Freibad vergnügten, des Wendens der endlos langen Grasschwaden, des Von-Hand-Aufschüttelns nach einem Gewitterregen, des Nachrechens hinter dem Ladewagen, damit auch ja kein Grashalm liegen blieb, des Häckselns in der Scheune – wenigstens im Schatten. Die Futterrüben im Herbst, einzeln aus dem Boden gezogen, in Reihen abgelegt, abgeköpft, beim Aufladen mit großem Stolz den Traktor gelenkt, zu Hause wieder Rübe für Rübe am Schwanz gepackt, über eine Holzrutsche in den Rübenkeller befördert, dort, während die Eltern im Stall waren, im Schein einer trüben Funzel die Rüben bis in die letzte Ecke weitergeworfen, um Platz zu schaffen für die nächste Fuhre.

Und hier floss die Milch in die Wanne, hob den Schwimmer mit einer Leichtigkeit hoch. Tante Maria zog einen Hebel und damit den Stempel auf die Karteikarte, öffnete den Ausguss, die Milch entschwand in den großen Tank. „Der Nächste", ohne „bitte".

Das Milchhäusle gewährte mir bei Familienfesten oder sonntäglichen Verwandtenbesuchen im Dorf meist noch etwas Aufschub. Während die Erwachsenen jedes Fest pünktlich um fünf Uhr nachmittags verlassen mussten, um die Kühe zu melken, durften wir Kinder noch bleiben. Bis zum Milchhäusle! Das war eine exakte Zeitangabe. Also, bis unsere Mutter zum Milchabliefern nochmals ins Dorf kam. Mit unseren gleichaltrigen Kusinen spielten wir, während auch deren Eltern im Stall waren, im Sommer draußen auf dem Hof, im Winter in der warmen Stube. Es waren unbeschwerte Stunden, deren Ende sich durch das Abschalten der Melkmaschine ankündigte. Selbst bei den Verwandten konnte ich das stotternde Brummen der Melkmaschine am Ende des Spülvorgangs vom gleichtönigen Brummen während des Melkens unterscheiden. Ein Geräusch, das nichts Gutes verhieß: Ab da waren es nur noch wenige Momente, bis die Milchkannen auf den Leiterwagen gehoben waren, sich die Küchentür einen Spalt öffnete und die Aufforderung kam, dass die Milch zum Abliefern bereit sei.

Vor dem Milchhäusle mussten wir dann auf unsere Mutter warten, die meist spät kam. Oft zu spät. Fast immer als Letzte. Leonhards Maria hatte bis dahin schon ein paar Blicke aus der Türe geworfen und vor sich hin geschimpft, wo denn nur die Aussiedler wieder mal so lange blieben. Wenigstens am Sonntagabend könnten die doch mal beizeiten hergehen, damit auch sie ihren Feierabend bekäme. Zwar nur brummelnd, aber laut genug, um es zu hören. Es war mir peinlich. Jedes Mal tat ich so, als ob ich es nicht gehört hätte. Aber das half nicht. Ich hatte es gehört und fühlte mich ausgeschlossen. Aus dem Dorf, von der

Dorfbevölkerung, von der Dorfjugend, die sich hier traf, erst mit den Kannen im Milchhäusle, danach noch eine Weile schwatzend vor der Tür. Ich stand am Rande, und auch das nur manchmal an Sonntagabenden. Alle waren sie längst weg, als Mama mit dem Traktor angetuckert kam. Sie rechtfertigte das Zuspätkommen mit dem weiten Weg von unserem Aussiedlerhof bis zum Dorf. Nicht nur beim Milchhäusle, auch mittwochs im Kirchenchor, sonntags in der Kirche und bei den Elternabenden in der Schule. Es machte ihr nichts aus.

Haustürgeschäfte

Es waren immer dieselben Frauen und Männer, die immer mit denselben Fahrzeugen auf den Hof fuhren. Auch immer zu denselben Jahreszeiten. Man konnte sie schon am jeweiligen Motorengeräusch erkennen, und der kurze Blick aus dem Küchenfenster diente lediglich der Vergewisserung, dass die Blumenfrau, die Haka-Frau, die Zigeunerin, der Bürsten- oder Bettwäschemann oder der Futtermittel- oder Dieselvertreter es auch tatsächlich waren.

Die einen boten ihre Ware draußen auf dem Hof oder unter der Haustür an, andere verbrachten auch mal eine Stunde am Esstisch. Über die Jahre hatte sich ein vertrautes, fast schon freundschaftliches Verhältnis entwickelt und so interessierte neben den Vorräten an Fassbürsten, Schmierseife und Fichtennadelschaumbad auch, was es denn Neues gab: auf dem Hof, im Stall und bei den Kindern. In dieser Reihenfolge.

Die Blumenfrau kam dreimal im Jahr mit einem blumenbeladenen VW-Bus auf den Hof. Vor den Pflanzzeiten der Gräber auf dem Friedhof und der Blumenkästen vor den Fenstern. Also vor

Ostern und Totensonntag und nach der Kalten Sophie im Mai. Diesen Anlässen entsprach die in vielen Lagen übereinandergeschichtete Auswahl im Innenraum des VW-Busses. Der schwülfeuchte Geruch, wenn die Blumenfrau die Schiebetüre öffnete, erinnerte im ersten Moment an den aus alten Fenstern zusammengebauten Frühbeetkasten, wenn wir wieder mal vergessen hatten, in der Maisonne die Deckelfenster aufzustellen. Dann, wenn sich die erste Dunstwolke, die meine Brillengläser zum Anlaufen gebracht hatte, verzogen hatte, roch es wie auf dem Friedhof am Ostersonntagnachmittag, wenn die Sonne auf die Gräber schien und das Blütenmeer zum Leuchten und Duften brachte.

Stiefmütterchen in allen Farben mit und ohne Auge, daneben ein paar Paletten mit blauen Vergissmeinnicht und rosa- und rotfarbenen Bellis oder gefüllten Gänseblümchen, wie wir sie nannten. Meist kauften wir für das Doppelgrab von Oma und Opa Siegel gelbe Stiefmütterchen, weil sie so schön leuchteten und Oma sicher ihre Freude daran gehabt hätte.

Nach den Eisheiligen im Mai, wenn mit der Kalten Sophie endlich die letzte Nacht der Bodenfrostgefahr vorbei war, hatte die Blumenfrau ihr Auto mit Eisbegonien vollgestopft für die Sommerbepflanzung des Friedhofs und mit Tomatenpflanzen für den Garten. In einer großen Kiste gab es noch Lauch-, Sellerie-, Blumenkohl- und Salatsetzlinge. Wir kauften immer rote Begonien für das Grab und Setzlinge für den Garten.

Im Herbst wollte Mutter nicht warten, bis die Blumenfrau mit den Grabgestecken kam. Es war ihr wichtig, vor den Pachtzahlungen an Martini ein Gesteck auf das Grab ihrer Schwiegereltern zu legen. Zum Dank für die von ihnen überlassenen Äcker und Weinberge.

Die Haka-Frau kam zweimal im Jahr, aber nur an Regentagen. Immer kam sie mit einem Prospekt, um Bestellungen aufzunehmen, und jedes Mal gab es irgendeine verbesserte Weltneuheit an Putzmitteln oder Badezusätzen. Irgendetwas gut Riechendes. Das bestellten wir aber nie. Nach jedem Besuch der Haka-Frau wurde ein Eimer voller Schmierseife sowie jeweils eine Literflasche mit dunkelgrünem Fichtennadelschaumbad und eine mit goldgelbem Eiershampoo geliefert. Das musste reichen bis zum nächsten Besuch. Die Schmierseife – auf dem Eimer stand Neutralseife – war, wie ebenfalls auf dem Eimer stand, ein Universalwaschmittel. Seitdem ist mir die Bedeutung dieses Wortes klar: für alles verwendbar. Alles, das hieß Putzen, Waschen – für alle Stufen, vom Einweichen bis hin zum Waschen im Halbautomat, wo bei jedem neuen Durchgang einfach noch etwas weitere Schmierseife zugegeben wurde, das, was beim Griff in den Eimer auf dem Zeige- und dem Mittelfinger kleben blieb, dann am Sonntagmorgen bei der Handwäsche von Pullovern und Socken im Spülbecken – und zu unserem großen Bedauern auch zum Spülen. Dazu wurde die Schmierseife in eine Flasche umgefüllt, aus der ein paar Spritzer ins Spülwasser gedrückt werden konnten. Es bedurfte eines ausdauernden Quengelns, bis endlich zum Spülen auf Pril umgestellt wurde und damit auch unsere Küche mit Prilblumen an den Wandkacheln etwas schicker wurde.

Das Fichtennadelschaumbad färbte samstagabends das Badewasser zu einer grünen Brühe – wir fanden es toll –, und das ganze Haus roch nach einem frisch geschlagenen Weihnachtsbaum mit Duftverstärker – wir fanden auch das toll. Zumindest rochen damit die Samstagabende deutlich anders als die übrigen, in denen das Haus allenfalls von etwas Stallgeruch durchzogen wurde, wenn Mutter kurz ins Haus kam, um uns daran zu erinnern, dass wir uns bettfertig richten sollten, bevor sie nachher im Stall fertig wäre.

Schon allein deshalb roch es intensiv und auch lang anhaltend nach Fichtennadeln, weil das Badewasser den ganzen langen Samstagabend begleitete, bis in dessen Verlauf alle darin gebadet hatten. Dem Alter nach aufsteigend. Zuerst wir Kinder, dann die Mutter und am späten Abend dann Vater, der bis dahin meist schon eine Runde am Tisch geschlafen hatte, das Vesperbrettchen zur Seite geschoben und den Kopf auf der Armbeuge auf dem Tisch zwischen Brettchen und Schorleglas abgelegt. Bei jeder Runde wurde vom Küchenherd ein Topf voll heißen Wassers dazugegossen, um das Familienbadewasser halbwegs temperiert zu halten.

Die alte Zigeunerin vom Brackenheimer Berg war für uns Kinder immer etwas geheimnisvoll. Ihre langen schwarzen Haare trug sie offen und sie fuhr mit einem alten, riesigen Mercedes auf den Hof. Immer parkte sie unter dem Nussbaum in der Mitte des Hofes. Sie rauchte Zigaretten. Keine andere Frau tat das. Und sie trug Ohrringe und Fingerringe mit funkelnden Steinen. Auch das taten andere Frauen nicht. Mutter zeigte uns auf dem Weg zu unseren Wiesenstücken unter dem Galgenberg jedes Mal den Wohnwagen, in dem die alte Zigeunerin lebte. Manchmal saß sie auf einem alten Gartenstuhl davor und rauchte. Entlang des Weges zum Galgenberg war eine ganze Reihe von Wohnwägen aufgestellt, davor spielten immer Kinder auf dem Weg und meist waren Hunde angeleint, die fürchterlich bellten. Insgeheim malte ich mir aus, was passieren würde, wenn sich eines von diesen Monstern losreißen würde. Bestimmt hätte er uns zerfleischt, so wütend, wie er uns anfletschte. Mir schien das alles etwas unheimlich und das Geflüstere der Erwachsenen über die Zigeuner tat sein Übriges. Man konnte sich nicht so recht vorstellen, was die den lieben langen Tag in ihren Wohnwägen taten – geputzt waren die doch schnell – und von was sie überhaupt lebten. Von dem Kleinkruscht, den die alte Zigeunerin an den Haustüren verkaufte, konnten sie sich ja wohl nicht ernähren. Trotzdem kaufte Mutter immer ein paar Rollen Zwirn und zehn Meter Gold-Zack Gummiband, das die Unterhosen garantiert auch nach vielen Kochwäschen noch dort hielt, wo sie halten sollten – oberhalb der Hüfte am Bauch. Dieses Gummiband war von uns Kindern daneben noch zum Gummihüpfen begehrt. Genau genommen danach und nicht daneben. Denn es war strengstens verboten, ein neues Gummiband als Hüpfgummi zu missbrauchen. Unser Gummihüpfband war eine aneinandergeknotete Kette von vielen ausgeleierten und gerissenen Unterhosen-Gummis. Manchmal halfen wir beim Ausleiern und Reißen etwas nach. Zugunsten der Länge unseres Hüpfbandes und zugunsten der Zigeunerin.

Der Bürstenmann drehte mit einem alten Kreidler-Mofa seine Runden. Die Ware hatte er in einen daran angehängten Einachs-Anhänger geschichtet. Bürsten in allen Formen und für viele Funktionen. Immer fuhr er schräg vor die Haustüre, mit dem Moped auf dem Deckel der Klogrube, wo er es mit einem kräftigen Ruck auf den Ständer aufbockte. Dieses Geräusch war unüberhörbar und wir wussten schon vor dem Klingeln, wer vor der Haustüre stehen würde, und auf dem Weg dorthin hatte Mutter bereits überlegt, was sie dem Bürstenmann heute abkaufen könnte. Dieser kramte, an der Haustüre stehend, immer erst umständlich in seiner bundeswehrgrünen Anorak-Innentasche, um den Ausweis vorzuzeigen, der ihn als Verkäufer von Blindenware auszeichnete. Dass blinde Menschen all diese Bürsten gemacht haben sollten, beeindruckte mich zutiefst. In unseren Kinderspielen haben wir das Blindsein manchmal nachgespielt. Eine war blind und die andere die Blindenführerin. Ich mochte die Blindenrolle und ließ mich gerne von Dorothea führen. Bis zu dem Tag, an dem sie von ihrer Rolle entweder abgelenkt wurde oder diese im Verlauf des Spiels einfach vergessen hatte und mich gegen das Scheunentor laufen ließ. Fortan hatte ich umso größeres Mitleid mit den Blinden und hoffte immer sehr, Mutter möge diesen armen Menschen etwas abkaufen. Was sie auch immer tat. In unserer Speisekammer unten auf dem Boden in der hintersten Ecke gab es einen Karton mit Vorräten an Fassbürsten, Schuh- und Kleiderbürsten und Schrubber-Ersatzbürsten. Lediglich Spülbürsten gab es keine. Zum Spülen reichten die zerschlissenen Unterhosen unseres Vaters: Schiesser Doppelripp mit Eingriff. Dafür musste man kein Geld ausgeben.

Der Bettwäschemann aus Laichingen gehörte zu den Wintergästen. Er kam jedes Jahr im tiefsten Winter einmal auf den Hof gefahren. Vielleicht, weil er da die Bauersfrauen zu Hause wusste, vielleicht aber auch, weil bei kalten Temperaturen die Notwendigkeit von warmen Daunendecken leichter zu vermitteln war. Stets hatte er eine große Auswahl an Aussteuer im Kofferraum und auf den Rücksitzen seines Mercedes – mit denselben Etiketten, die schon die Aussteuer von Mutter und ihren Schwestern zierte:

„Wäschekrone" in blauer Schrift hinter einer weißen Krone auf blauem Grund. Der Bettwäschemann kannte die Familien und die Anzahl der jeweiligen Töchter in- und auswendig.

Mutter mochte feine Wäsche und sie war stolz auf ihre selbst bestickten Haipfel-Bezüge und Oberleintücher. Kunstvoll hatte sie in einem Nähmaschinenkurs bei Frau Veile einen Winter lang ihre Aussteuerwäsche mit Hohlsäumen und ihrem Monogramm bestickt. RN war von den Kopfkissen bis zu den weißen Taschentüchern überall zu lesen. Elegant verschnörkelte Buchstaben mit blütenweißem Garn auf weißes Leinen gestickt. Nach dem Bügeln solcher Teile war es stets der letzte Handgriff, mit dem Bügeleisen diese Stellen von links nochmals mit großem Druck zu glätten, um das Monogramm auf der anderen Seite plastisch hervorzuheben.

Mit ihrem ersparten Geld, das sie in den vier Jahren „Haushalt" in Lauffen zur Seite gelegt hatte, hatte sie sich diese edlen Wäscheteile und eine Pfaff-Nähmaschine gekauft. Das Neueste, was es damals gab: eine Nähmaschine, die man von Pedalbetrieb auf Elektroantrieb umstellen konnte und die in einem eigens dafür gebauten Einbauschränkchen zu versenken war. Eine Pfaff 260, Automatic, Flachbett mit Einbaumotor. Frau Veile, die Chefin der Firma Veile, bot den stolzen Besitzerinnen neuer Nähmaschinen im Winter Kurse an, damit die angehenden Hausfrauen mit den neuen technischen Raffinessen dieser Maschinen umgehen lernten. Mutter hatte neben dem Nähkurs, bei dem Kittelschürzen genäht, Hosenbeine gekürzt und Flicken fachmännisch unter die Knielöcher gesetzt wurden, noch einen Stickkurs gemacht. Monogramme und Hohlsäume auf Bettwäsche und Taschentüchern bis hin zum Abbilden von Stillleben auf Wandbehängen mit Weinkrug und Maiskolben. Die Prinzessin vor einem Brunnen, an dessen Rand ein Frosch mit grazilem Krönchen saß, gestickt auf einem groben grauen Stoff, zwischen zwei durch Schlaufen gezogene Bambusstecken, hingen im neuen Haus über meinem Bett.

Obwohl Mutter mit ihrer eigenen Aussteuer locker ihre Diamantene Hochzeit hätte feiern können, ohne bis dahin auch nur ein Stück dazuzukaufen, saß der Laichinger Bettwäschemann jeden Winter einen gemütlichen halben Mittag lang bei uns im warm beheizten Esszimmer. Auf dem Tisch lagen Prospekte und Kataloge und immer auch ein paar Kartons mit „10-teiliger Markenbettwäsche": zwei Bezüge aus feinem Blumendamast in Maco, zwei Bezüge aus Damast, zwei Kissen in ca. 80 x 80 cm, zwei bestickte Kissen in ca. 80 x 80 cm, zwei Betttücher mit verstärkter Mitte – alles in „Süddeutscher Qualität aus Laichingen".

Bei jedem Besuch kaufte Mutter ein Aussteuer-Paket dazu. Diese Anschaffungen hielten sich gerade noch so in dem finanziellen Rahmen, in dem das Geld aus dem Geldbeutel und der Kaffeetasse mit dem abgeschlagenen Henkel aus dem Küchenbuffet abgezwackt werden konnte, ohne dazu extra Geld vom Konto abheben zu müssen. Gute Wäsche im Schrank war keine Ausgabe, sondern eine Wertanlage. Eine Investition in die Zukunft!

Mit vier Töchtern konnte man gar nicht früh genug anfangen. Wir sollten später ebenfalls mit erstklassiger Wäsche unsere eigenen Haushalte gründen. Vorher kamen noch teure Laichinger Daunendecken dazu – modisch in Karos abgesteppt – mit 100 % Daunenfüllung. Nicht die billigen mit den zugemischten Federn.

Mutter kannte den Unterschied: Sie hatte für ihre Aussteuerbetten die Gänse noch selbst gerupft, viele Winter lang, wenn es kalt war und die Daunen am flauschigsten waren.

Die neu gekauften Decken und Kissen wurden jährlich im Sommer einmal auf dem Balkon gelüftet und danach wieder in der Abstellkammer auf einem Gästebett in der Ecke unter der Dachschräge gelagert. Noch mehr als ein Jahrzehnt warteten sie dort auf die Haushaltsgründung der Töchter.

Im alten Kleiderschrank, gegenüber vom Bett gleich rechts von der Tür, lagerten die anderen, nach und nach angesparten und gesammelten Aussteuerteile. Die Silberbestecke von Dorothea und mir. Über Jahre haben wir jeden Pfennig, jede Mark unseres Taschengeldes in Silber angelegt. Eine Mark in der Woche – sonntagmorgens nach dem Frühstück war Taschengeldausgabe. Immer wenn die Nachbarn beim Milchholen das wöchentliche Milchgeld auf dem Milchtank hinterlassen hatten, bekamen wir unser Taschengeld, der Rest wanderte in die Kaffeetasse ohne Henkel, zwischen Rechnungen und Suppentellern im Küchenbuffet. Alle sechs Wochen fuhren wir mit unseren Fahrrädern nach Brackenheim zum Juwelier Gerst und kamen unserem Aussteuertraum von einem 72-teiligen Silberbesteck für 12 Personen um einen Kaffeelöffel näher. WMF Rom für mich, WMF Dänisch Perl für Dorothea. In einem Sammelpass waren vorne die Besteckteile untereinander abgebildet, dahinter gab es so viele Kästchen, wie Teile vorgesehen waren. Hinter den Besteckteilen also zwölf, beim Vorlegebesteck wie Suppenschöpfer, Fleischgabel usw. jeweils eines oder zwei. Bei jedem Kauf wurde andächtig das nächste Kreuzchen gesetzt, nach Geburtstagen auch mal zwei.

Keine von uns beiden wäre je auf die Idee gekommen, auch nur eine Mark für was anderes zu verwenden, denn damit wäre man im Sammlerwettbewerb sofort hinter der anderen zurückgefallen. 18 Wochen für einen Suppenlöffel, 21 Wochen für ein Messer … verkürzen konnten das Ganze nur unsere Geburtstage und Weihnachten. Abgeschlossen wurde es mit der Konfirmation. Da standen alle noch fehlenden Teile auf der Wunschliste und es lag in der Verantwortung des Patenamtes, diese beizusteuern. Außerdem gab es zur Konfirmation eine Besteckschatulle mit Halterungen für jedes einzelne Besteckteil – ausgepolstert mit rotem Samt.

Mutter hatte oft ihre liebe Mühe, uns beim Silberbesteck-Sammeln bei Laune zu halten. Und immer, wenn wir uns beschwerten, dass andere Gleichaltrige ihr Taschengeld für Schallplatten oder Eisbecher ausgeben durften, gab sie uns zu bedenken, dass unser Silberbesteck uns lebenslänglich begleiten würde und wir schon noch mal an sie denken würden!

Auch Futtermittel und Diesel wurden am Esszimmertisch bestellt. Lange Jahre kam regelmäßig ein Vertreter zu uns, der all das verkaufte, was in unserem eigenen Getreide fehlte, damit die Ferkel zu Schweinen und die Schweine zu Schlachtschweinen wurden. Offensichtlich wurde ihm – aus seiner Sicht zu Unrecht – etwas Schlimmes unterstellt, sodass er fristlos gekündigt wurde. Danach kam er mit den Prospekten einer anderen Futtermittelfirma. Und selbstverständlich wechselten wir aus Solidarität mit ihm ebenfalls die Firma und unsere Kühe, Ferkel und Schweine fraßen ab sofort die Mineral- und Kraftfutter von bergaphor aus Kulmbach in Bayern. So stand es auf den Eimern, in denen wir den Rebenhäcksel über den Hof zum Küchenherd schleppten.

Auch dem Diesellaster fuhr jedes Mal ein Gast voraus, nämlich der Chef höchstpersönlich. Joachim Domesle aus Heilbronn kam in unregelmäßigen Abständen auf den Hof. Je nachdem, welche Schlepperarbeiten auf dem Acker angesagt waren und wie viel Diesel dabei verfahren wurde, kam Herr Domesle, um den Füllstand der Dieselvorräte in Scheunen und Garagen zu erkunden. Einmal waren wir Kinder zu Fuß auf dem Weg vom Dorf zu unserem Aussiedlerhof unterwegs, als Herr Domesle desselben Weges kam. Dorothea und ich hatten Martina vom Kindergarten abgeholt und wir trödelten von Schachtdeckel zu Schachtdeckel, immer diese nächsten Etappenziele vor Augen. Wir waren auf der Höhe der Sportplatzabzweigung, dort, wo der Schleifweg eine leichte Biegung macht, als der schicke Mercedes die Geschwindigkeit drosselte – das taten an der Stelle alle Autos wegen der Biegung – und dann sogar anhielt, das hatte bisher noch niemand getan. Der Fahrer kurbelte sein Autofenster herunter und bot an, uns den letzten Teil des Weges mitzunehmen. Wir beiden Älteren waren auf exakt diese Situation vorbereitet und wussten, wie wir uns zu verhalten hatten. Wir rannten, ohne eine Antwort zu geben, weiter, so schnell wir konnten. Was nicht sehr schnell war, da Martina die Notwendigkeit einer Flucht nicht verstand und stattdessen wie angewurzelt stehen blieb und zu heulen anfing.

Als wir atemlos – weniger vom Rennen als vor Angst – zu Hause ankamen, saß er dort auf der Eckbank, der potenzielle Kindesentführer. Er lobte uns für unser Verhalten und gab zur Belohnung dafür, dass wir nicht in ein fremdes Auto gestiegen waren, jedem von uns eine Mark. Gerne wären wir noch öfter nicht in ein Auto gestiegen. Aber es hielt niemand mehr an.

Ohne Beruf

Schon auf dem Parkplatz der Berufsschule war sichtbar, wann die Haus- und Landwirtschaftliche Abteilung ihren Berufsschultag hatte. Landwirte, Winzer, Gärtner und Hauswirtschafterinnen verbrachten neben ihren praktischen Ausbildungen auf Betrieben einen Tag der Woche in der Berufsschule. Ein paar in die Jahre gekommene Daimler mit Anhängerkupplungen und Golf reihten sich neben alte, bemalte Enten und Käfer, dazwischen auch immer ein paar Traktoren aller Alters- und Größenklassen. Mit Papas Daimler oder eigenem Golf kamen die Landwirte. Sie alle hatten entweder seit dem Tag ihrer Führerscheinprüfung ein eigenes Vehikel, der entlegenen Dörfer und Höfe wegen, oder durften das Hofauto fahren, damit sie zur Stallzeit wieder daheim waren. Wer noch keine 18 war, kam mit dem Traktor, nur wenige mit dem Bus. Die Gärtner waren für den bunten Teil des Fuhrparks zuständig. Deren Klassen waren Ende der 1970er Jahre überfüllt mit ökobewegten jungen Leuten aus der Stadt. Die Umweltbewegung hatte in vielen eine Sehnsucht nach Natur geweckt, die sie in grünen Berufen suchten, und schwemmte damit eine große Zahl von

Lehrlingen auf alternative Bauernhöfe und in Bio-Gärtnereien. *Landwirtschaft dient allen* klebte auf manchen Autos, die weiße Friedenstaube auf blauem Grund und die gelbleuchtende Sonnenblume mit *Atomkraft? Nein danke* auf den anderen.

Für mich waren es ausnahmslos sympathische und interessante Menschen, die eines verband: Alle hatten sie ihre Bräune von der Arbeit an der Sonne, niemand brauchte sich für schwarze Ränder unter den Fingernägeln zu schämen.

Der Anfang einer neuen Epoche. Vom Stigma zum Status. Diese Schule stellte so ziemlich alles auf den Kopf, was ich bislang erfahren hatte. Im Kochunterricht wurde ich von der Lehrerin gelobt, wie leicht mir das alles von der Hand ginge. Welch ein Kontrast: Noch heute bekomme ich Herzklopfen, wenn ich an den Hauswirtschaftsunterricht in der Realschule denke. Während die Jungen dort an Werkbänken den Umgang mit Schraubzwingen und Bohrer lernten, mussten die Mädchen mit Schürzen und Kopftüchern verkleidet in der Schulküche das Kochen nach Grundrezepten üben. Ich kann mich nicht daran erinnern, dass auch nur einer meiner Handgriffe für richtig erachtet oder gar lobend erwähnt worden wäre. Immer wenn die Lehrerin von hinten über die Schulter blickte, machte ich etwas falsch: Entweder ich schnitt auf einem Brettchen, was ich besser in der Hand hätte schneiden können, oder umgekehrt. Entweder ich hatte das falsche Messer, den falschen Kochlöffel, den falschen Topf gewählt oder die Reihenfolge meiner Vorgehensweise war teilweise oder von vornherein falsch. Da konnte ich mich anstrengen, soviel ich wollte, nichts von dem, was ich machte, war richtig. Wenn die Lehrerin, von Herd zu Herd gehend, in die Nähe kam, bekam ich jedes Mal

Schweißausbrüche und zunehmend das Gefühl, mit zwei linken Händen geboren zu sein. Der ultimative Stresstest war das halbjährlich anstehende Zeugniskochen. Jede Schülerin musste irgendetwas auf den Tisch zaubern, was in einzelne Arbeitsschritte zerlegt und benotet sich im nächsten Zeugnis schwarz auf weiß wiederfand. Zwischen Mathematik und Geografie standen die Urteile über die kalt geschlagene Zitronencreme, den schwäbischen Kartoffelsalat oder die Hefe-Nusshörnle. Bei Letzterem war die Aufgabenstellung ganz einfach: Hefeteig von einem Pfund Mehl zu Nusshörnle verarbeiten. Das hatte ich zu Hause schon oft gemacht. Jeden Samstag machten wir Hefeteig von mindestens einem Kilo Mehl. Davon gab es für das Sonntagsfrühstück einen Kranz, mit Ei bestrichen und Hagelzucker und Mandelsplittern bestreut, sowie eine Sorte süße Stückle zum gleich Essen. Am liebsten Schneckennudeln, aber manchmal auch Nusshörnle oder Apfeltaschen. Fast wäre es gut gegangen, wenn da nicht der letzte Rest Hefeteig gewesen wäre, den ich beim Auswellen zur schöneren Abrundung der Teigplatte wegen abgeschnitten und in meiner Schürzentasche verschwinden hatte lassen. Dabei hatte ich nicht bedacht, dass ein Hefeteig besonders in der warmen Schürzentasche das macht, was er soll und im besten Falle auch sonst immer tut: nämlich still und leise gleichmäßig aufgehen. Und so musste ich neben den von kritischen Blicken der Lehrerin beobachteten Handgriffen auf dem Backbrett auch noch den Hefeteig in meiner Schürze in Schach halten, indem ich ihn in regelmäßigen Abständen mit einem kräftigen Händedruck kurz zusammenknetete.

Wie anders war da der Kochunterricht in der Berufsschule. Die Lehrerin war des Lobes voll, was die Bauerntöchter alles konnten.

Und wenn mal eine von uns etwas anders gemacht hat, als es von der Lehrerin gezeigt worden war, so war es nie falsch, sondern immer eine interessante und bedenkenswerte andere Variante, um das Ziel zu erreichen.

Ich lief zur Höchstform auf und fand zunehmend Gefallen beim Experimentieren an Herd und Backofen. Noch wenige Monate zuvor wäre dies unvorstellbar gewesen.

Zum Ende meiner Schulzeit hätte ich vermutlich denselben Weg eingeschlagen wie die Schulfreundinnen: Bankkaufmann oder Industriekaufmann, Justizangestellte klang schon besser, dafür gab es aber nur ganz wenige Lehrstellen. Nachdem die ersten Bewerbungen geschrieben und das Ende meiner zumindest nachmittäglichen Anwesenheit in Sichtweite rückte, wurde die Lage zu Hause durch die Krankheit der Mutter immer angespannter. Eigentlich sollte sie nichts mehr arbeiten und tat es trotzdem. Ein Besucher brachte die Möglichkeit ins Spiel, dass ich ja ein Jahr zu Hause bleiben könne – so wie es früher mit dem nach dem Krieg verpflichtenden Landjahr viele machten mussten und es ja schließlich niemandem geschadet hätte.

Ein Jahr – das schien mir sogar reizvoll. Ich müsste ab sofort keine Bewerbungen mehr schreiben und könnte nach der Schule nur noch das machen, was ich während der Schulzeit nebenher schon machen musste: auf dem Hof mithelfen. Damit ich – der Schulpflicht wegen – nicht in einer Arbeiterklasse landen würde, solle ich doch einen Lehrvertrag abschließen, riet die Beraterin des Landwirtschaftsamtes. Elternlehre war unter gewissen Voraussetzungen möglich, und so schloss meine Mutter als Ausbilderin einen Vertrag mit mir für dieses erste Jahr.

Die Voraussetzungen waren, dass sich die Mütter dafür schulen ließen. In der Landwirtschaftsschule mussten sie die Schulbank drücken und in einem 40-stündigen Lehrgang ihre fachliche und pädagogische Eignung unter Beweis stellen. Mutter freute sich auf diese Schultage. Bereits erkrankt, wurde doch dieser eine Wunsch noch wahr: mit Gleichaltrigen die Schulbank drücken zu dürfen. Die Gleichaltrigen waren in der Zwischenzeit zwar alle Mitte 40, und als Unterrichtsstoff gab es weder Englisch und Französisch noch Musiknoten und Klavierspiel, dafür lernten sie die Paragrafen des Jugendschutzgesetzes samt der verbotenen Kinderarbeit und wie man Geschirrtücher prüfungstauglich zusammenlegt. Erst dritteln, dann halbieren.

Das mit der Kinderarbeit kam zu spät und die Geschirrtücher wurden zusammengelegt, wie sie schon immer zusammengelegt worden waren.

Meine Schulkameradinnen in der Lehrlingsklasse waren allesamt Bauerntöchter, die mit ansteckender Begeisterung den Beruf ihrer Mütter erlernten. Hauswirtschafterin im ländlichen Bereich hieß der Beruf im offiziellen Sprachgebrauch. Neben allen hauswirtschaftlichen Arbeiten war die Ausbildung erweitert um all jene Aufgaben, die nur landwirtschaftliche Haushalte kannten: Garten und Tierhaltung. Für mich war es keine Frage, dass ich diese Ausbildung zu Ende bringen wollte. Für Mutter war es keine Frage, dass ich das zweite Jahr auf einem Fremdbetrieb machen sollte. Ich sollte einen guten Berufsabschluss machen, das hatte sie sich schon vor Jahren fest vorgenommen. Ihren Töchtern sollte es auf gar keinen Fall so ergehen wie ihr damals: Der Weg zur Aussiedlung war gepflastert mit vielen Anträgen.

Viele Kreuzchen mussten gesetzt, noch mehr Fragen beantwortet werden. Neben Hektargröße, Tierzahl und Kontostand auch die persönlichen Angaben. Auf die Frage nach ihrem Beruf erzählte Mutter, was sie in jungen Jahren alles erlernt und bis damals erarbeitet hatte. Vier Jahre Haushalt in einer Tierarztfamilie, die ihr nebenher die Haushaltsschule ermöglichte, Melkunterricht, Garten, Nähen, Sticken und vieles mehr. Zwei Jahre Pflege einer Schwerstkranken. Die Beraterin des Landwirtschaftsamtes hörte interessiert zu und vermerkte dann kommentarlos im Formular „ohne Beruf".

Diese Geschichte erzählte sie immer wieder. Der Stachel saß tief und sollte uns eine Mahnung sein. Das Lehrjahr auf einem Gemüsebaubetrieb in Schwaigern war für mein Leben richtungsweisend. Ab sofort war für mich dieser Beruf der vielfältigste der Welt. Anstelle von Kühen und Schweinen im Stall nun Radieschen und Salatköpfe bis zum Horizont. Stiefmütterchen im Frühjahr, Blumenkohl im Sommer und Ackersalat im Winter. Äckerweise. Die Arbeit war nicht leichter, aber anders. Ich genoss es, ein Teil der Menschen-Kette zu sein: von der Stelle, wo die Salatsetzlinge in Kistentürmen vom nachts aus Holland kommenden Lkw abgeladen wurden, bis dorthin, wo sie nach dem Pflanzen, Beregnungsrohre-Legen, Hacken und Ernten wieder in Kisten gesetzt auf dem Lkw zur Ablieferung bereit standen. Die Arbeit auf den Feldern war das eine, der Haushalt einer vielköpfigen Familie das andere. Als Lehrling der ländlichen Hauswirtschaft war vorgesehen, nicht nur die Arbeitszeit in einem Haushalt zu verbringen, sondern am gesamten Familien- und Betriebsalltag teilzunehmen. Sogar jedes zweite Wochenende, inklusive Kirchgang und Familienfesten. Die beste Erfindung neben dem Schüleraustausch für Gymnasiasten: Bauernhoftausch für Bauernkinder! Und ich habe es aufgesogen, das Leben, das Denken, das Arbeiten, das Feiern, das Diskutieren, das Streiten – schlicht alles, was mir in dieser Familie begegnete, was ich dort beobachtete und lernte. Es war nicht besser und nicht schlechter als zu Hause, nur anders. Dieses „anders“ hat meinen Horizont sicher mehr erweitert, als dies ein Schuljahr im Mittleren Westen der USA hätte tun können.

Schon allein die Sonntage ohne Viehstall, das Arbeiten auf den Salatäckern mit den Frauen, so nannten wir die fünf Fremdarbeitskräfte, Frauen aus dem Ort, die jeden Morgen geholt und nachmittags, wenn die Salat- und Blumenkohlkisten aufgeladen oder die Rettiche gebündelt und gewaschen waren, wieder nach Hause gefahren wurden.

In der Familie gab es Kinder, die älter als ich waren und den Führerschein besaßen. Einmal bekamen wir zur Belohnung für den letzten gepflanzten Salat der Saison für ein paar Tage das Auto. Wir fuhren zu dritt nach Holland ans Meer. Einfach so – kurzentschlossen ohne jegliche Planung. Dort heuerten wir bei einem Blumengärtner an und verdienten uns eine Autoladung Tulpenzwiebeln.

Es war ein spannendes Jahr, aus dem ich sehr viel mitgenommen habe: in dieser Familie dazuzugehören als Freundin und Tochter, bis heute. Die Liebe zum Ehrenamt in Kirche und Kommune und neben den Tulpenzwiebeln Tausende von Stiefmütterchen, die fortan als mein eigener Betriebszweig jedes Frühjahr auf unserem Acker hinterm Stall wuchsen und die Friedhöfe der umliegenden Dörfer an Ostern zum Leuchten brachten.

Mit dem Gehilfenbrief in der Nachtischschublade ging es danach zu Hause weiter. Auf der Zielgeraden zur Meisterprüfung besuchte ich die Winterschule in Heilbronn. So wurde diese Kaderschmiede der Bauern seit Generationen genannt, auch dann noch, als sie sich längst ganz modern in die dreisemestrige Fachschule für Landwirtschaft mit der Abteilung Hauswirtschaft umbenannt hatte. Drei Semester bedeuteten Vollzeitschule über zwei Winterhalbjahre und über den Sommer dazwischen – außerhalb von Saat- und Erntezeiten, wenn die Bauernsöhne und -töchter zu Hause gebraucht wurden –, nur an einem Tag in der Woche.

So wie meine Mutter die Zusammenfassung ihres Tuns in „ohne Beruf" störte, so störte mich die Einstufung meines Tuns in „mithelfende Familienangehörige". Neben einem Betriebsleiter gab es auf den Höfen nur noch Mithelfende. Auch wenn diese Diskriminierung nur auf dem Papier bestand, in der Praxis hatte ich nie den Eindruck, dass die Mutter weniger zu sagen hatte als unser Vater. Die Entscheidungen wurden gemeinsam getroffen. Und über die finanziellen Verhältnisse von den Giro- über die Spar- und Darlehenskonten bis hin zum Kaffeekässle im Küchenschrank wachte Mutter. Vater musste bei jeder Investition sowieso ihren Rat einholen.

Trotzdem wollte ich den mithelfenden Status wegkriegen und sah den einzigen Weg dorthin in einer weiteren Ausbildung zur Landwirtin. Ab sofort schraubte ich allein unter Männern an Dieselmotoren, berechnete Futterrationen für Kühe, Schweine und Bullen und löcherte meinen Vater mit Fragen, über die er sich noch nie Gedanken gemacht hatte. Es war die Zeit, als die Betriebswirtschaft über das Tierwohl gestellt wurde. Und wir rechneten sehr genau, bis auf zwei Stellen hinter dem Komma. Zuallererst fiel die Bullenmast weg, nach meiner Rechnung legten wir dort drauf; dann wurde die eigene Mahl- und Mischanlage für das Schweinefutter und für die Kraftfutterration der Kühe außer Betrieb gesetzt. Das Fertigfutter aus dem Tankwagen war billiger. Vater blutete das Herz, obwohl dies für ihn deutlich weniger Arbeit bedeutete: kein Abladen der mit Getreide befüllten Kipper über das Körnergebläse hoch in den Schuppen in der Sommerhitze, kein Einschaufeln und Abfüllen des Getreides in Säcke an Regentagen, kein Säckeschleppen über den Hof zur Getreidemühle. Ich habe seinen Widerstand nicht verstanden und durchgesetzt, dass in der Scheune ein Fertigfuttersilo aufgestellt und regelmäßig mit Schweinemastfutter befüllt wurde.

Erst Jahre später, als die ersten Futtermittelskandale die Branche erschütterten, habe ich verstanden, um was es Vater ging: Er hatte mir damals schon vorgerechnet, dass es schlicht nicht sein könne, dass Getreide, das erst abgeliefert, über weite Strecken transportiert, gelagert, verarbeitet, mit Zusatzstoffen gemischt und mit einem teuren Futtermitteltankwagen wieder zurückgebracht wird, günstiger sein könne als das eigene Getreide, das gleich auf dem Hof bleibt. Seine Rechnung kam aus dem Bauch heraus, meine aus der Schule von Lehrern mit Taschenrechnern, die es wissen mussten. Davon ging ich zumindest damals noch aus. Ich schäme mich bis heute dafür. Vater hatte recht. Die Rechnung ging ganz offensichtlich, wie die Skandale bewiesen, nicht auf. Für diesen Preis mussten minderwertige Stoffe zugemischt werden, das hätte man wissen können. Und wir hatten keine andere Wahl mehr. Unser Getreide war abgeliefert, der Schuppen leer, die Getreidesäcke hingen über einer Stange neben der ausrangierten Mahl- und Mischanlage. Der Starkstromstecker, neben dem wir als Kinder so oft gewartet hatten, bis Vater ihn eingesteckt hatte, damit wir den roten Kippschalter unter der Plastikhaube drücken durften, baumelte über dem Motorgehäuse. Das dröhnende Geräusch des anlaufenden Motors hatte immer das Gefühl vermittelt, etwas in Bewegung gesetzt zu haben. Wir liebten es. Das Gefühl und das Geräusch.

Daneben ging aber auch vieles gut. Ich durfte das Erlernte zu Hause ausprobieren und umsetzen. Vater begleitete es mit viel Nörgelei und heimlichem Interesse. Er wunderte sich über mein langes Drehen an sämtlichen Schrauben des Pfluges vor der ersten Furche, wo der Pflug doch eingestellt war. Das Abdrehen der Sämaschine und das Auslitern der Feldspritze funktionierte in unserem eingespielten Duo hervorragend.

Am meisten liebte ich die Abwechslung. Ich empfand keinen Widerspruch zwischen Ladewagenförderband reparieren und Geschirrtücher zusammenlegen – erst dritteln, dann halbieren – und machte beides gerne.

Nach Mutters Tod war es zum einen klar, dass ich weiter auf dem elterlichen Hof bleiben würde, und zum anderen auch, dass ich in beiden erlernten Berufen mit Meisterprüfungen abschließen würde. Das war ich ihr schuldig!

Im Schatten der Weltgeschichte

Schon seit ich mich erinnern kann, waren wir dem englischen Königshaus in besonderer Weise verbunden. Genau genommen seit der Hochzeit meiner Eltern. Immer wieder erzählte unsere Mutter, wie sehr sie sich schon seit ihrer Kindheit einen Brautstrauß mit roten Rosen gewünscht habe. Wenn denn eine Frau den Namen Rose trüge, müsse sie doch schließlich zu besonderen Anlässen auch von Rosen geschmückt werden. Von roten Rosen. War es Pech oder Schicksal oder nur Zufall, dass die englische Prinzessin Margaret nur einen Tag zuvor ihre Hochzeit plante? Nicht nur plante, tatsächlich heiratete Margaret, die Schwester von Königin Elisabeth, am 6. Mai 1960, nur einen Tag vor meinen Eltern in der Westminster Abbey in London, und so waren in Deutschland an diesen Tagen alle Augen auf London gerichtet und keine Rosen mehr zu haben. So erzählte es unsere Mutter immer wieder. Die Geschichte gehörte zu jedem Hochzeitstag, immer am 7. Mai, wenn die Mutter das Hochzeitsfoto neben einen Strauß Wiesenblumen stellte, und wir hörten sie jedes Jahr aufs Neue gerne und bedauerten den Nelken-statt-Rosen-Brautstrauß in ihren Händen. Irgendwie strahlte damit trotzdem etwas vom königlichen Glanz auf unsere Familie ab. Und es waren nur die Rosen, die sich meine Eltern an ihrer Hochzeit mit der königlichen Familie teilten. Wobei das Teilen etwas ungleich ausging: Die Rosen waren alle in England und unsere Mutter musste mit Nelken in der Hand unserem Vater das Ja-Wort geben.

Aber gut, in England gab es nicht den Mann, den die Braut wollte, in Deutschland nicht die Blumen, die die Braut wollte. In Anbetracht dessen waren denen in England die Rosen sogar zu gönnen.

Gute dreizehn Jahre später, als in England die nächste königliche Hochzeit stattfand, war auch das für uns ein besonderes Ereignis. Prinzessin Anne, die älteste Tochter der Königin, heiratete, und dieses Mal wenigstens den Mann, den sie zu der Zeit noch wollte. Da wir seinerzeit noch keinen Fernseher besaßen – das sei unnützer Zeitvertreib, der dazu noch unnötig Geld koste –, durften wir uns ausnahmsweise eine Illustrierte mit den Fotos dieser Glanzhochzeit kaufen. Die gab es in unserem Haus sonst auch nicht. Die Geschichten über Adlige, Sternchen und Flittchen waren kein Geld wert. Und ein Programm für Funk und Fernsehen, das meist auch mit bunten Geschichten über die Königshäuser garniert war, erübrigte sich sowieso, mangels Fernseher und wegen eines Radios, an dessen Programmknopf wegen Altersschwäche nicht gedreht werden durfte.

Bei Arnolds, einem Gemischtwarenladen im Unterdorf, haben Dorothea und ich eine Illustrierte ausgesucht. Die Wahl fiel schwer, da alle über dieses Ereignis berichteten. Die Wahl fiel auf die BUNTE, weil die für ihr Geld am meisten Seiten bot, fünf Buchstaben, weiß auf rotem Grund, Ausgabe Nr. 48 v. 20.11.1973, mit einem 12-seitigen Sonderheft über Mark und Anne in Farbe.

Diese BUNTE führte über mehrere Wochen die Hitliste der meistgelesenen Zeitungen in unserem Haus an. Noch weit vor dem Landwirtschaftlichen Wochenblatt, der Heilbronner Stimme sowie dem Kirchen- und dem Käsblättle. Während diese Zeitungen beim Samstagsputz regelmäßig aussortiert wurden und in den Keller auf die Stapel wanderten, die mit Strohschnüren zusammengebunden auf die Altpapiersammlung des Sportvereins warteten, blieb diese BUNTE über Wochen auf der Ecke der Eckbank und brachte etwas Glanz in trübe Novembertage.

Auch die weiteren großen Momente der Menschheitsgeschichte verfolgten wir bildlos vor dem Radio. An jenem Sonntagabend des 20. Juli 1969 lief das Radio besonders laut. Drei Männer in einer Raumkapsel, die auf dem Mond landen sollten. Die Bilder dazu kannten wir aus der Tageszeitung. Seit ihrem Start waren sie dort täglich auf der Titelseite abgebildet: in weißen Anzügen zusammengekauert mit überdimensionalen Helmen auf ihren Köpfen. Die Spannung, ob das alles gut gehen würde, war zu spüren, denn die Stimme des Radiosprechers klang aufgeregt, so aufgeregt, dass niemand auf die Idee gekommen wäre, diese mit nur einem Wort zu unterbrechen.

Als Älteste durfte ich an diesem Abend aufbleiben, bis ich entweder auf dem Sofa einschlafen würde – vorsichtshalber war ich schon bettfertig gerichtet – oder die Apollo 11 gelandet wäre. Je nachdem, was zuerst einträfe. Selbstverständlich habe ich ausgehalten, bis um 21:17 Uhr das große Aufatmen um die Welt ging. Die Apollo war gelandet und um 21:18 Uhr ging's in Richtung Bett. Mit Mutter zusammen suchte ich vom Kinderzimmerfenster noch den Mond ab, ob wir dort vom großen Ereignis vielleicht was sehen konnten.

Aber der Mond stand nur als schmale Sichel am Himmel. „Seht ihr den Mond dort stehen, er ist nur halb zu sehen und ist doch rund und schön. So sind gar manche Sachen, die wir getrost belachen, weil unsere Augen sie nicht sehn." Gemeinsam sangen wir wie an vielen Abenden mein Lieblingslied vom aufgegangenen Mond und dem kranken Nachbarn gemeinsam. Diese Strophe bekam an diesem Abend der Mondlandung eine weitere Bedeutung. Der Mond, der nur halb zu sehen und trotzdem rund und schön ist. Dass Dinge anders sein können, als wir sie sehen, das beschäftigte mich zutiefst.

Knappe zwei Jahre später gab es das nächste Ereignis, das in der Schulklasse die Mitschüler in zwei Gruppen teilte. In jene, die am 8. März noch mitten in der Nacht aufstehen und das Ereignis vor dem Bildschirm verfolgen durften und am nächsten Tag mitreden konnten, wenn es nur noch um das eine ging: den Boxkampf von Muhammad Ali. Die anderen, zu denen auch ich gehörte, sollten um diese Zeit in ihren Betten liegen und schlafen, damit sie am nächsten Tag ausgeruht zur Schule kämen. Wobei mir das Aufstehen ohnehin nichts gebracht hätte, da es im Hause Siegel auch im Jahr des Boxkampfs 1971 noch keinen Fernseher gab. Außerdem hätte kein Ereignis dieser Welt ein Aufstehen mitten in der Nacht gerechtfertigt. Aufgestanden wurde nur wegen wirklich wichtiger Dinge, wie Kälber- und Ferkelgeburten im Stall.

Beim Endspiel der Fußballweltmeisterschaft am 7. Juli 1974 trafen zwei glückliche Umstände zusammen, die zumindest unserem Vater dann doch ein direktes Erleben des deutschen Sieges am Bildschirm ermöglichten. Zum Ersten, dass meine zweitjüngste Schwester Martina zu diesem Zeitpunkt noch in den Kindergarten ging, und zum Zweiten, dass das Kindergarten-Sommerfest exakt auf diesen Tag fiel. Offensichtlich war bei der Planung niemand davon ausgegangen, dass dieser Tag für die Deutschen von Bedeutung werden könnte.

Kurzerhand wurde nach dem Programm, bei dem die Kindergartenkinder mit Baströckchen einen Hawaii-Tanz aufgeführt hatten, einfach ein Fernseher in den Kindergartenraum gestellt und der Anpfiff des Endspiels um 16 Uhr in München trennte im Kindergarten Mütter und Väter voneinander.

Während die Männer dicht gedrängt auf Kinderstühlchen vor dem Schwarz-Weiß-Fernseher saßen und das Spiel mit vielen gut gemeinten Ratschlägen und lautstarken Kritiken anfeuerten, saßen die Mütter bei Kaffee und Kuchen an den Biertischen im Hof und die Kinder spielten an den Spielgeräten.

Mit dem Schlusspfiff um 17:47 Uhr verließen wir den Kindergarten fluchtartig – Vater hatte die letzten Minuten des Spiels schon sprungbereit unter der Türe gestanden –, weil zu Hause die Kühe warteten und Tante Maria im Milchhäusle wegen eines Fußballspiels garantiert keine Ausnahme machen würde.

Den deutschen Herbst drei Jahre später verbrachten wir wie jeden Herbst bei der Traubenlese. Es war der erste Herbst, bei dem ich schon ab morgens mit dabei war. Seit meiner Realschulprüfung im Frühjahr war ich im 1. Lehrjahr zu Hause. Nur noch Arbeiten anstatt Lernen und Arbeiten war wie Urlaub. Normalerweise kamen wir erst nach der Schule mit dem Fahrrad in den Weinberg nach. Zu Hause auf dem Küchenbuffet stand auf dem zuoberst liegenden Briefumschlag, wohin wir nach dem Umziehen kommen sollten. Egal wohin – wir kamen gerne. Weinlese war immer schön. Uns gefiel, wenn andere Leute zum Helfen da waren. Und das war bei uns hauptsächlich bei der Weinlese der Fall: Eine ganze Truppe zog mit Eimern und Scheren von Weinberg zu Weinberg. Jeden Herbst dieselben Leute: Frau Bareither, die immer von früheren und schönen Zeiten in Bessarabien erzählte, von der schweren Zeit der Flucht und den noch schwereren Zeiten des Neuanfangs in Botenheim als Flüchtlinge. Es war ein Begriff, dem immer etwas Abwertendes anhaftete. Die Geschichten von den großen Höfen, die diese Menschen einmal besessen haben sollten, konnte und wollte niemand so recht glauben. Waren sie doch mit zerlumpten Kleidern und ohne Hab und Gut hier angekommen. Wieder und wieder erzählte Oma die Geschichten von den Flüchtlingen, wie sie mit Pferdefuhrwerken oder auch nur mit Leiterwagen ins Dorf einzogen und wie sie auf Anweisung des Dorfbüttels einfach in die Häuser einquartiert wurden, ob die Besitzer dies wollten oder nicht. Sie wollten es nicht. Diese Bilder sind geblieben. Da konnten die Flüchtlinge erzählen oder machen, was sie wollten.

Frau Bareither machte so einiges in Botenheim. Bei allen Hochzeiten stand sie in der Küche und kochte das Festessen. Im Backhäusle feuerte sie einmal in der Woche das Feuer im Holzofen an, im Milchhäusle nahm sie die Milch ab, wenn Tante Maria mal krank war. Generationen von Schulkindern hat sie als Hausmeisterin der Schule das Fürchten gelehrt. Kein Kaugummipapierle, keine abgebrochene Kreide, kein Tintenklecks, der ihr unentdeckt geblieben wäre. Bis zu den letzten Winkeln der Klassenzimmer, der Toiletten, der Sporthalle hielt sie alles tipptopp sauber und erwartete von den Schülern den entsprechenden Respekt. Von den Lehrern sowieso. Ohne Widerrede!

Im Herbst wurde die Schule erst abends geputzt. Während der Weinlese war Frau Bareither tagsüber immer mit dabei, zusammen mit ihrem Mann und einem verwandten Ehepaar aus einer Kleinstadt nahe der Zonengrenze bei Wolfsburg. Herr Radies arbeitete im VW-Werk und verbrachte jedes Jahr seine Urlaubstage gemeinsam mit seiner Frau bei der Weinlese in Botenheim. So waren die Tage in den Weinbergen nie langweilig: Mit Geschichten aus Bessarabien, von der Zonengrenze und dem Wolfsburger VW-Werk ging es Zeile um Zeile vorwärts, rauf und runter.

Ganz anders an jenem sonnigen Herbsttag, dem 18. Oktober 1977. Nach dem trüben Wochenstart tags zuvor waren nur noch wenige Wolken am Himmel, die morgendlichen weißen Nebelschwaden über den abgeernteten Ackerflächen unterhalb der Weinberge hatten sich verzogen, die Sonne wärmte angenehm und nährte die Hoffnung, dass die letzten Lesetage doch noch von einem goldenen Herbst begleitet werden könnten. Wir waren im Lichtenberg, die Gruppe arbeitete schweigsam vor sich hin. Während zu Beginn der Lese die Entführung Schleyers noch diskutiert worden war und man sich einig war, dass die Terroristen in Stammheim alle einen Kopf kürzer gemacht werden sollten, war jetzt nur noch Betroffenheit und auch Ratlosigkeit übrig geblieben. Niemand traute sich noch einen Kommentar zu. Viel zu viel war geschehen und alles war ganz anders verlaufen, als dies hätte vorhergesehen werden können. Da war der Sohn des Entführten, der die deutsche Regierung darum gebeten hatte, alles zu tun, um seinen Vater zu retten, und Kanzler Schmidt, der dies abgelehnt hatte. Ausgerechnet Helmut Schmidt! Man hat es nicht verstanden. Dann die Lufthansa-Maschine, in der Kapitän Schumann zwei Tage zuvor vor den Augen der Passagiere im Mittelgang des Flugzeugs erschossen worden war. Nachdem er, nach seiner Inspektion der Maschine nach der Landung auf einer Sandpiste im Jemen, freiwillig wieder ins Flugzeug zurückgekommen war.

Seit den Morgenstunden wurde die auf allen Radiosendern laufende Trauermusik im Halbstunden-Takt mit neuen Meldungen aus Mogadischu und Stammheim unterbrochen. Die Landshut war in den frühen Morgenstunden in Somalia befreit worden. In Stammheim wurden danach drei Terroristen in ihren Zellen tot aufgefunden. Die Luft war zum Schneiden. Die Gedanken bei den Familien Schumann und Schleyer. Mit jeder Unterbrechung der Musik befürchtete man die nächste schlimme Nachricht.

Diese kam erst mittwochabends, das Wunschkonzert wurde abgebrochen und lange Pausenzeichen eingeblendet. Bis zur Nachricht vom Auffinden der Leiche Schleyers.

Es schien ein Machtkampf gewesen zu sein, bei dem am Ende alle verloren hatten.

Regentage

Das schönste Wetter, das ich mir vorstellen konnte, waren Regentage. Je schlimmer der Regen auf das Eternitdach trommelte, desto besser. Am allerbesten, wenn die Regentropfen in den Pfützen im Hof Blasen warfen, wo der Nussbaum mit seinen Wurzeln den Asphalt angehoben hatte und wo nun immer das Wasser stehen blieb. Die auf der Pfütze schwimmenden Blasen waren ein Zeichen dafür, dass es sich einregnen würde.

Nicht ganz so günstig standen die Aussichten bei blasenlosem Regen, bei dem es angeblich von hinten über Cleebronn schon wieder heller kam, und richtig ungünstig waren vereinzelte Schauer, bei denen man allenfalls kurz unterstehen musste, um dann einfach weiterzuarbeiten. Auf dem Rübenacker, wo dann für eine Weile die Erde an der Hacke klebte und nach wenigen Schritten von Hand abgewischt werden musste, in den Weinbergen, wo das nasse Laub für triefnasse Ärmel sorgte. Im Lagerhaus der Genossenschaft gab es dafür „Ärmelschoner", einen Plastikschlauch, der an beiden Enden einen Gummizug eingezogen hatte und den man über den Jackenärmeln trug.

Regentage waren Tage mit geschenkter Zeit. Zeit für alles, für das bei schönem Wetter die Zeit zu schade war und was dann schnell gehen musste. Futter holen: An normalen Tagen musste das möglichst rasch zwischen Stall und Feld- oder Weinbergarbeiten erledigt werden. Auf einer Wiese drei Mahd mähen, von Hand auf eine Schwad zusammenrechen und dann mit dem Ladewagen aufladen und zu Hause im Scheunendurchgang vor den Futterläden abladen und mit der Gabel auseinanderziehen, damit das Gras nicht warm würde. An Regentagen waren die entlegensten Baumwiesen auf der Heide, an Zaber oder Herrenwiesenbach dran. Hier kam Mutters „Cabrio" – wie sie ihren Kramer nannte – zum Einsatz, das wegen fehlendem Verdeck sogar unter Bäumen fahren konnte, der Umsturzbügel wurde dazu einfach abgenommen. Den letzten Rest um die Baumstämme oder unter tief hängenden Ästen mähte Vater mit seiner Sense, genauso wie Feldwege und Bachufer, und zwar so gründlich, dass auch ja kein Grashalm stehen blieb. Mit ausladenden Armbewegungen holte er Schwung und ließ das Sensenblatt in gleichmäßigem Abstand über den Boden gleiten. Alle paar Meter stellte er die Sense auf den Kopf, holte den Dengelstein aus der Meterstabtasche seiner blauen Arbeitshose und zog ihn mit geübten schnellen Bewegungen rechts und links an der Schneidekante des Sensenblattes vorbei.

Das Gemähte musste nun unter den Bäumen hervorgerecht werden, zu Stellen, an die der Ladewagen zum Aufladen fahren konnte. Entweder zwischen zwei Baumreihen oder im schlimmeren Falle ganz aus der Baumwiese raus auf den Grasweg. Mithilfe von Rechen und Mistgabel wurde dort das Ganze zu einer Schwad gelegt. Nach Vaters Augenmaß konnte der Ladewagen trotzdem nie wirklich alles aufnehmen, deshalb wurde der Rest immer nochmals nachgerecht.

Fiel der Regentag auf einen Montag, an dem in der Frühe Schweine abgeholt worden waren, so war dieser Tag prädestiniert fürs Jaucherinnenputzen in den Schweinebuchten. Die Rinnen waren mit gusseisernen Platten abgedeckt, die in der Mitte Schlitze hatten, durch die die Jauche in die Rinne und von dort in die Jauchegrube unter dem Misthaufen lief. In der ersten Bucht, die meist von den kleinen Kälbern belegt war, fing die Rinne ganz flach an, wurde dann immer tiefer, damit durch das Gefälle die Jauche bergab nach außen laufen sollte. Platte für Platte wurde mit einer Kelle abgehoben, um den angesammelten sumpfigen Morast in der Rinne ebenfalls mit der Kelle in einen Eimer auszuschaufeln. Vorne bei den Kälbern war dies eine nur feuchte Strohmatte, die von den Kälberhufen durch die Schlitze getreten worden war. Bei den Schweinen begann eine stinkende Drecksarbeit. In der leeren Bucht wenigstens insoweit ungestört, dass die Schweinebuchttür geöffnet bleiben und der pechschwarze stinkende Morast aus Stroh, Urin und Kot einfach aus dem Stall zum Misthaufen getragen werden konnte. In den belegten Schweinebuchten endete diese Aktion immer mit einer Schreierei. Die Schweine fanden nämlich Gefallen an ihrem neuen Buchtenmitglied, schnüffelten an Hosenbeinen, bissen in Gummistiefel und erinnerten sich wohl beim Anblick der offenen Rinne an ihre Urzeiten. Zumindest schien es, als ob es für sie das höchste Vergnügen wäre, darin zu wühlen. Zur Ablenkung sollte ich Wasser in den Futtertrog gießen. Aber blöd waren sie wohl nicht, die Jaucherinne war mit keiner Futterrinne zu überbieten. Und Wasser gegen stinkenden Morast schon gar nicht. In diesen

Buchten mussten die gefüllten Eimer über die Buchtenabtrennung hinweggehoben werden. Der Gestank heftete sich in Kleidung und Haut. Selbst Seife half da nichts. Das Marmeladenbrot beim Frühstück danach hatte ein „Geschmäckle".

Fiel der Regentag auf einen Spätsommertag, wenn die Schwalben den Stall schon verlassen hatten, so war das Stallfensterputzen so sicher wie das Amen in der Kirche. Die Schwalben hatten den Sommer über ihre weithin sichtbaren Spuren hinterlassen. Auf den nach innen gekippten Fenstern sitzend malten sie mit ihren Hinterlassenschaften lange weiß-graue Schlieren auf die Scheiben. Diese gehörten im Sommer einfach dazu, so wie sie, wenn die Schwalben weg waren, dann augenblicklich nicht mehr dazugehörten und am erstbesten Regentag beseitigt werden mussten.

Im Futtergang vor dem Schweinetrog wurden zwei Wannen aufgestellt. Eine mit warmem Wasser und mit zwei Tropfen Pril für die Reinigung, die andere Wanne mit kaltem Wasser zum Nachspülen.

Vater nahm die Scheiben aus ihrer Plastikhalterung, kehrte mit einem Kehrwisch den groben Staub ab und kratzte mit dem Holzrücken die angetrocknete Schwalbenscheiße weg. Dann wurde die Scheibe im warmen Spülwasser mit einer Bürste geschrubbt, im kalten Wasser mithilfe eines Bechers abgespült und wieder eingesetzt.

Vom Scheunendach bis zum Rübenkeller warteten zahllose Handgriffe auf Regentage. Unterm Scheunendach mussten die Strohballen aus den letzten Winkeln nach vorne an den Abwurfschacht gezerrt werden, damit sie an schönen Tagen, wenn alles flink gehen musste, schneller bei der Hand waren. Der Rübenkeller musste vollends geleert werden, die abgebröselte Erde in Eimer geschippt und die steile Treppe hochgetragen werden, damit der Keller für die erste Fuhre der nächsten Ernte vorbereitet war.

Es war ein ganzes Orchester von Geräuschen, die sommerliche Regentage begleiteten. Das Trommeln der Regentropfen auf den Eternitdächern und, wenn der Wind von Osten wehte, auch gegen das Küchenfenster. Oben im Zwischenbau brummte der Motor der Schrotmühle, um die Vorräte des Schweinemastfutters aufzufüllen.

Das Getreide hierfür lagerte seit der letztjährigen Ernte oben auf dem Schuppenboden. Ebenfalls an einem Regentag wurde es von Vater mit einer großen Schaufel in Säcke gefüllt; wir Kinder mussten dazu den Rand der Papiersäcke umkrempeln und offen halten. In Reih und Glied warteten sie auf ihren Abtransport zur Schrotmühle. Zu Beginn der nächsten Ernte sollten noch so viele davon da sein, dass sie für die Umrandung des Areals reichten, in das das Körnergebläse den nächsten Jahresvorrat beförderte. Das Knarren der Holztreppe, wenn Vater nach vorne gebeugt die schweren Getreidesäcke auf dem Rücken zur Schrotmühle hochtrug, war unüberhörbar.

Hafer, Gerste und Weizen wurden geschrotet und in ganz bestimmtem Verhältnis mit zugekauftem Soja aus Säcken und Mineralstoffen aus *bergophor*-Eimern gemischt und nach dem Abschalten der Mischanlage in den Edelstahltrichter gefüllt, der durch die Decke in die Futterküche ragte. Jedes Mal, bevor der Schieber an den Futterzeiten geöffnet wurde, um das Schrotgemisch in den Saukübel rieseln zu lassen, wurde die Füllhöhe mit einem Schlag der Handfläche gegen die Edelstahlwand des Trichters gemessen.

Irgendwann, zwischen dem Auffüllen der Futtervorräte für die Schweine und Kühe, wurde Brot gebacken.

Abends, bevor ein Regentag vorhergesagt war, wurde eingelassen. In der großen Teigknetmaschine, die angeschafft wurde, nachdem Vater den Brotteig von Hand kneten musste, weil Mutter dies nach der Krebsoperation nicht mehr konnte, wurde das Brotmehl für fünf große runde Laibe gerichtet. In der Mitte in einer Kuhle wurde der Sauerteig des letzten Backtags mit warmem Wasser und etwas Mehl zu einem dünnflüssigen Brei vermischt und über Nacht stehen gelassen.

Am nächsten Morgen, während dem Frühstücken, ein Schnellkochtopf mit Kartoffeln gekocht, die mit heißem Wasser verrührt in den Brotteig geknetet wurden. Fünf große Laibe gingen in ihren Backkörben langsam auf und warteten auf das Einschießen in den Brotbackofen.

Das Schönste an Regentagen kam zum Schluss: der frühe Feierabend! Vater hatte ohnehin den ganzen Tag um die Tiere herum gewerkelt, und sobald die Vorräte an Futter und Einstreu aufgefüllt waren, ging es nahtlos zum Melken über. Manchmal war es sogar noch hell draußen, wenn er den Riegel der Stalltür zuschob und das Plätschern des Wassers im Handwaschbecken der Waschküche neben der Küchentür den Feierabend ankündigte.

Zum frisch gebackenen, noch ofenwarmen Brot gab es an solchen Tagen manchmal etwas Besonderes: Hering aus der Dose, Tomatenfisch nannten wir ihn, weil die sämige Tomatentunke mindestens genauso lecker war wie der darin eingelegte magere Hering. Jedes Mal gab es ein Geraufe, wer den letzten Rest der Soße mit einem Stück Brot aus den Dosenecken tunken durfte. Dies war die ultimative Abwechslung zu den sonstigen abendlichen Leber- und Blutwürsten, die allerdings auch in unterschiedlichen Varianten auf den Tisch kamen – abhängig von der Anzahl an Tagen, die zwischen dem Schlachttag und dem Auf-den-Tisch-Kommen lagen. In der ersten Zeit waren die Würste, die im Keller über einen an der Decke aufgehängten Besenstiel gehängt waren, noch weich und das Innere wurde aus dem Darm herausgedrückt und mit einer dicken Schicht Senf aufs Brot gestrichen. Später, wenn es draußen wärmer und die Würste trockener waren, wurden sie samt Darm in Ringe geschnitten und mit Essiggurken aufs Brot gelegt. Wenn sich die Darmhülle außen mit einer weißen Schmierschicht überzog, war es Zeit, die Würste abzuwaschen und zur weiteren Lagerung in die Gefriertruhe zu verfrachten. Dann hatten sie für meinen Geschmack den Idealzustand erreicht. Die aufgetauten Würste in Scheiben geschnitten gab es mit Essig und Öl. Den Essigrest mit den letzten Ölaugen habe ich immer genüsslich mit Brot aus dem Teller getunkt.

Komplett wurde das Feierabendglück, wenn es einen Mittwochabend traf. Pünktlich um fünf nach acht – nach den Nachrichten – ertönte das unverkennbare „Happy Time"-Gedudel aus dem Radio und Karl-Heinz Wegener begrüßte zur Sendung „Vom Telefon zum Mikrofon".

Mit Udo Jürgens' griechischem Wein und einem Zug, der laut Christian Anders nach Nirgendwo fährt, entführte die Sendung uns noch etwas über den Horizont von Jaucherinnen und Futterrübenkeller hinaus. Und wenn der Montanara-Chor mit seinen klaren Männerstimmen dann tatsächlich noch melancholisch das Meer besang, das die Sonne auslöscht, dann mischte sich die Feierabendstimmung schon fast ein wenig mit Urlaubsstimmung.

Nachbarn

Eine goldene Weihnachtsbaumspitze hätte unseren Weihnachtsbaum perfekt machen können. Eine Spitze aus hauchdünnem Glas, die, auf die Spitze der Tanne aufgesteckt, diese bis zur Decke verlängert hätte. Goldglänzend streckten sich die Weihnachtsbäume der Verwandten bis zur Decke. Unser Baum hatte immer einen Strohstern vor die Spitze gesteckt, der meist schon an Heiligabend verrutschte und für den Rest der Weihnachtszeit schief vor der Baumspitze hing.

Es war ein besonderer Stern und deshalb hatte er dort zu hängen. Da half alles Quengeln nichts. Ein großer Stern in naturfarbenem Stroh und an jeder Sternspitze nochmals ein kleines Sternchen in dunkelbraunem Stroh. Alles gebunden mit feiner Amann-Nähseide ohne Klebstoff. Das war wichtig und ein Zeichen von Handarbeit.

Mutter hatte ihn an einem der adventlichen Bastelnachmittage mit den Nachbarinnen zusammen gebastelt. Schon am Abend zuvor wurden die Strohhalme in warmem Wasser eingeweicht, am nächsten Tag dann mit einer Nagelschere aufgeschlitzt und mit dem Bügeleisen so lange auf Zeitungen gepresst, bis die gewünschten unterschiedlichen Brauntöne entstanden. Der Geruch nach angesengtem Stroh gehörte zur Adventszeit ebenso wie der Geruch nach Bohnerwachs, Stollen und Plätzchen.

Jedes Jahr in der Adventszeit bastelten die Frauen der Aussiedlerhöfe einen Nachmittag lang gemeinsam für die adventlichen Fenster und die Weihnachtsstube. Abwechselnd wurde auf einen der Höfe eingeladen. Im Laufe der Jahre hatte sich ein ganzer Karton mit filigranen Strohsternen angesammelt, die am Weihnachtsbaum jeglichem anderen Schmuck den Platz streitig machten. Keine Kugeln, kein Lametta – nur Strohsterne, echte Wachskerzen und kleine rote Äpfelchen. Naturmaterialien eben, alles andere wurde als Kitsch abgetan. Auch als die ersten elektrischen Kerzen an vielen Weihnachtsbäumen ein Loch in den Tag brannten, besangen wir den Tannenbaum mit seinen grünen Blättern vor roten Wachskerzen, bei denen man vor dem Anzünden erst alle darunterliegenden Schlafanzüge und Socken mit Zeitungspapier vor dem tropfenden Kerzenwachs schützen musste. Nach wenigen Tagen schon durften die Kerzen nicht mehr angezündet werden, weil die Tannennadeln zu dürr waren und sich an den Flammen der Kerzen leicht entzündet hätten.

Aber die Bastelnachmittage waren klasse. Da die Familien der restlichen drei Aussiedlerhöfe, die sich entlang des Schleifwegs wie Perlen einer Perlenkette aneinanderreihten, mit jeweils einer Ackerlänge dazwischen, altersmäßig um eine halbe Generation verschoben waren, waren die Nachbarinnen deutlich jünger als unsere Mutter. Sie waren der Anlaufpunkt für Dorothea und mich, wenn es etwas vorzuführen gab. Das erste Fahrrad, der

Schulranzen am ersten Schultag – alle Fotos in unseren Alben stammen von den Fotoapparaten der Nachbarinnen.

Meine Eltern waren noch richtig jung, als der Grüne Plan mit seinem Flurbereinigungsgesetz den Weg für die Aussiedlungen ebnete und zinsverbilligte Darlehen der Landeskreditanstalt es ermöglichten. Beim Einzug war mein Vater gerade mal 32 Jahre alt, meine Mutter feierte im Dezember danach ihren 30. Geburtstag. Dorothea war zwei und ich vier Jahre alt. Die beiden jüngsten Schwestern Martina und Marlies kamen erst drei bzw. fünf Jahre später zur Welt. Die drei Nachbarhöfe waren zwei Jahre zuvor gebaut worden und diese Aussiedlerfamilien hatten zu der Zeit alle bereits erwachsene Kinder. So kam es, dass Dorothea und ich keine gleichaltrigen Spielkameraden in der Nachbarschaft hatten, während Martina und Marlies bereits mit den Kindern der jeweiligen Hofnachfolger in den Kindergarten und zur Schule gingen.

Mit den jüngeren Nachbarinnen kamen auch moderne Basteltechniken in unser Haus und für uns Kinder immer eine Tafel Schokolade.

Ungeachtet aller Altersunterschiede waren die Nachbarn wie eine zweite Familie. Die Situation war für alle dieselbe: runde zwei Kilometer entfernt vom Dorf und kein Auto weit und breit. Von der aussiedelnden Generation hatte niemand einen Führerschein und die ersten Jahre auch kein Telefon. Die Traktoren waren die einzigen Transportvehikel, die Milchkannen und Menschen ins Dorf und wieder zurück brachten. Jeden Mittwochabend kam Opa Eiselen mit seinem roten Fahr, um die Eltern zur Singstunde des Kirchenchors abzuholen. Später fuhren sie alle mit unserem Fendt-Geräteträger, der wenigstens ein Dach hatte, das vor Regen und Wind schützte, aber dafür auch ein Gestänge, das einige Kirchenchorsänger-Köpfe schmerzhaft in Erinnerung behielten. Regelmäßig dann, wenn Vater – von der lautstarken Unterhaltung abgelenkt – den etwas höher stehenden Schachtdeckel beim Sportplatzschild übersehen hatte.

Viele Jahre wurde Silvester zusammen gefeiert – abwechselnd von Hof zu Hof. Es wurde gemeinsam gegessen und alles Wichtige besprochen. Bei uns gab es immer Mutters legendäre gefüllte Eier nach einem Rezept vom Lauffener Haushalt. Abgewandelt mit dem, was der Kühlschrank, die Speisekammer oder der Garten jahreszeitlich zu bieten hatten. Zu Silvester waren dies Essiggurken aus den Eindünstgläsern im Keller. Eine Platte gefüllte Eier war auch ein beliebtes Geburtstagsgeschenk für alle männlichen Familienmitglieder.

An Silvester gab es dazu Wurstplatten mit gekauftem Aufschnitt und frisch gebackenem Brot.

Um Mitternacht gingen alle zusammen ein Stück der Feldwege jeweils hinter dem Hof hoch, weil man von dort das Brillant-Feuerwerk in Cleebronn – so warb die dort ansässige Feuerwerkerei Zink für ihren Sterneregen und Raketen – am besten sehen konnte. Und mit dem letzten Leuchten am Himmel ging's schnurstracks nach Hause ins Bett, da die Kühe ein paar Stunden später wieder gemolken werden wollten.

Die einzigen Kühe im Schleifweg standen in unserem Stall. Die Nachbarn bauten ihre Ställe schon bald um und stellten sich ganz auf Schweine ein. Es war der Beginn einer Ära, in der alle paar Jahre was anderes lohnender erschien. Bis zu den Butterbergen und Milchseen waren es die Milchkühe, dann die Schweine – erst

Muttersauen und Schweinemast, Stall an Stall, dann voneinander getrennt auf unterschiedlichen Betrieben, dann mal Rindermast, mal Legehennen. Je nachdem, was der Markt verlangte. Die Bauern rannten hinterher.

Hast du Schweine, hast du Scheine, hast du Kühe, hast du Mühe, damit spotteten die Eltern manchmal über die Schweinebauern, blieben aber trotz der Scheine der Mühe mit ihren Kühen treu. Ein Leben ohne Kühe wäre schlicht undenkbar gewesen. Und ich kann mich auch nicht daran erinnern, dass irgendetwas nur der Scheine wegen getan wurde. Egal ob Heu- oder Strohballen laden, ob füttern, melken, misten, ob Unkraut hacken in den Weinbergen oder Zuckerrüben – es wurde gemacht, weil es eben gemacht werden musste. Ohne Wenn und Aber – ohne jemals auszurechnen, ob sich das lohnen würde oder nicht. Die Kühe mussten morgens und abends gefüttert und gemolken werden, das Gras musste rechtzeitig gemäht werden, damit es gutes Heu gab, das Stroh musste gepresst, geladen und in die Scheune gefahren werden, weil es für die Einstreu im Stall gebraucht wurde. Die Kühe mussten bis zu den Knien im Stroh stehen, damit sie sich wohlfühlten, auch noch, als es in den neuen Ställen längst schon Spaltenböden gab und wir Kinder uns über diese vorsintflutliche Knochenarbeit des Ballenstapelns bis in die letzten Winkel unter dem glühenden Eternitdach beschwerten. Manchmal gab es auf die Warum-Fragen „Warum ausgerechnet wir“ und „Warum so umständlich“ erhellende Antworten wie: weil wir mit unseren Wiesen sonst nichts anzufangen wüssten, da wir das Gras ja schließlich nicht selbst fressen könnten, manchmal aber auch die allumfassende Antwort, weil es gemacht gehört und damit es ordentlich aussieht. Weil wir das Gras nicht selber fressen konnten, mähten wir an Regentagen Bachufer und Feldwege ab, trugen wir an Sonnentagen auf unserem steilen Heidewiesle das Heu mit Gabeln den Berg hoch bis zum Weg, wo es vom Ladewagen aufgeladen werden konnte. Damit es ordentlich aussieht, hackten wir bei größter Hitze um unsere Rebstöcke herum, selbst wenn der Hackenstiel durch die sommertrockene harte Erde zurückschmetterte und einem das Hirn wackelte - wie Oma immer kommentierte -, und damit ja kein Kräutchen stehen blieb - wie Vater verlangte.

Mit den letzten Kühen im Schleifweg wurden wir die Anlaufstelle für alle anderen Aussiedler, auf der von den anderen einmal täglich jemand vorbeikam, um Milch zu holen. Später befestigten wir in der Futterküche noch für alle anderen Höfe jeweils ein Postfach. Darin wurden alle Zeitungen, Blättle und Briefe zugeteilt, die im Dorf ausgetragen wurden und die die jeweiligen Austräger in unsere Zeitungsrolle stopften, die wir an der Misthaufeneinfassung bei Kiefers angebracht hatten. Kiefers bewohnten den ersten Hof im Schleifweg, bevor der Schleifweg auf die Hauptstraße mündete. Dort lud Mutter morgens und abends Kiefers Milchkannen auf die Ladepritsche des Kramers, um Frau Kiefer das Milchabliefern mit dem Leiterwägele zu ersparen. Von daher kam sie ohnehin zweimal an unserem Dorfbriefkasten vorbei und konnte alle Aussiedler mit den Neuigkeiten versorgen. Später durften alle Aussiedlerkinder auf dem Weg zur Schule ihre Fahrräder hinter Kiefers Misthaufen abstellen, um den Rest des Weges bis zur Bushaltestelle vollends zu Fuß zu gehen wie normale Dorfkinder auch.

Die Milch für die Nachbarn wurde anfangs in Milchtöpfen auf dem Spültisch in der Küche gerichtet. Manchmal, wenn die

Melkmaschine mal wieder zu spät eingeschaltet worden war, mussten die Abholer auf die Milch warten und standen bei uns in der Küche oder auch im Stall. Oma Kühner hat in dieser Zeit öfters die Küche sauber gemacht, damit unsere Mutter auch mal Feierabend bekäme.

Hofäckers hielten Hühner, deshalb wurde die Milch in Eier eingetauscht. Jeden Sonntagmorgen brachte Kurt eine Steige Bruchеier und manchmal noch ein paar schalenlose Eier dazu. Die anderen hinterließen sonntags das Milchgeld abgezählt neben dem geleerten Milchtopf. Bevor die Münzen in die Milchgeld-Kaffeetasse ins Küchenbuffet wanderten, war Taschengeldausgabe. Eine Mark für jede von uns – jeden Sonntagmorgen nach dem Frühstück und vor der Kirche.

Man wusste, wer krank war, wie es den andern ging und wann sie Geburtstag hatten: Opa Eiselen bekam dann immer eine Dose mit seinem Lieblings-Zigarrentabak, den er so gerne rauchte. Oma Eiselen im Januar immer ein Sträußlein Christrosen oder, wenn der Schnee zu hoch lag, ein halbes Pfund Kaffeebohnen. Bei Eiselens war es immer gemütlich. In der guten Stube stand ein schwarzglänzendes Klavier. Opa Eiselen übte darauf die Lieder, die er im Kirchenchor dirigierte. Er hatte sich das alles selbst beigebracht. Das Klavier hatte er bei seiner Hochzeit mit dem Geld seiner Eltern, das eigentlich für eine Kuh gedacht war, gekauft. Mich beeindruckte diese Geschichte. Eine Kuh weniger und dafür ein Klavier in der Stube, das hätte ich mir auch vorstellen können.

Anfang der 1970er Jahre verging kaum ein Jahr, ohne dass auf einem der Nachbarhöfe eine Hochzeit gefeiert wurde. Das waren für Dorothea und mich die absoluten Höhepunkte. Dorfhochzeiten waren was Besonderes, Tage voller Ausnahmen: Angefangen damit, dass das Samstagabend-Bad schon auf Freitagabend vorverlegt wurde; auch die weißen Strumpfhosen-Glocken auf dem Kirchturm gingen einen Tag vor und wir durften unsere schicken Hochzeitskleider, die definitive Steigerung von Sonntagskleidern, an einem Samstag tragen und sogar damit spielen gehen. Wenn die Hochzeiten nicht gar zu dicht aufeinanderfolgten und wir dazwischen Zeit hatten, aus unseren Festtagskleidern rauszuwachsen, gab es sogar etwas Neues. Meist nähte die Schneiderin aus dem Unterdorf aus einem netten Stöffle für uns zwei gleiche Kleider. Für die Kinder gab es Blumenkränzchen ins Haar, für die Erwachsenen eine Nelke ans Revers.

Die gesamte Hochzeitsgesellschaft stellte sich nach einem genauen Plan auf, um dann in einem Zug vom Haus der Braut und ihrer Eltern – was bis zu diesem Tag dasselbe war – zur Kirche zu gehen. Die Aussiedler mussten an dieser Stelle der Tradition etwas tricksen, denn die Strecke von den Höfen bis zur Kirche wäre in neuen Schuhen kaum ohne Blasen abgegangen. Auch hier musste wieder Kiefers Hof herhalten. Er war so gesehen der dörfliche Stützpunkt für die Aussiedler: Hier trafen sich die Gäste zur Aufstellung des Zuges. Die Dorfbewohner standen am Straßenrand bzw. an ihren Fenstern. Der Zug wurde angeführt von den Kindern, größenmäßig aufsteigend, dann kamen die unverheirateten Paare und nach dem Brautpaar die Verheirateten in der zeitlichen Reihenfolge ihrer eigenen Hochzeiten. Den Schluss bildeten die Eltern des Bräutigams und der Braut. Die Freunde des Bräutigams begleiteten den Zug auf seinem Weg zur und aus der Kirche aus einer Seitenstraße mit Böllerschüssen.

Nach der kirchlichen Trauung standen immer die Feuerwehrkameraden in ihrer dunkelblauen Uniform Spalier. Alle jungen Männer im Dorf waren in der freiwilligen Feuerwehr und rückten zu allen Hochzeiten aus.

An die Hochzeit unserer Nachbarin Gudrun erinnere ich mich bis heute: Ihr Mann war in seinem Heimatdorf Mitglied im Reitverein. Deshalb wurden sie in einer geschmückten Pferdekutsche vom Aussiedlerhof bis zur Kirche gefahren. Gezogen von zwei frisch gestriegelten schwarzen Pferden. Nach der Trauung standen noch mehr Reiter mit ihren Pferden vor der Kirche Spalier. Trotz des Spießrutenlaufs mit den Sonntagsschuhen um die dampfenden Rossbollen vor der Kirche herum entsprach dies meiner Vorstellung von der Hochzeit einer Prinzessin.

Weiter ging's nochmals in derselben Aufstellung zum Adler-Saal. Eine alte knarrende Holztreppe führte hinter der Gaststätte hoch zum Festsaal, einem großen niedrigen Raum, in dem sich viele Generationen von Botenheimern zu Hochzeiten, Beerdigungen und den Winterfeiern der Vereine getroffen haben. Die Küchenleitung hatte fast immer Frau Bareither, die mit hochrotem Kopf an riesigen brodelnden Kochtöpfen hantierte. Es war eine logistische Meisterleistung, das mehrgängige Festessen – von Glößchensuppe, Rindfleisch und Meerrettich über gemischten Braten mit Spätzle, Salaten, Gemüseplatte und Nachtisch – für eine Hochzeitsgesellschaft auf den Tisch zu bringen.

Zwischen Nachtisch und Hochzeitstorte durften wir in unseren schönen Festtagskleidern spielen gehen. Mit den anderen Kindern der Festgesellschaft schlenderte ich gerne durch die Gassen, wischte hin und wieder mit dem weißen Spitzentaschentuch, das die Mutter ermahnend in die aufgenähte Tasche des Kleides gesteckt hatte, den Straßenstaub von den neuen Lackschuhen. Voller Stolz trug ich mein Näschen einen Zentimeter höher, wenn die Frauen, die an Samstagmittagen Gehwege und Kandel fegten, meinten, dass sie mich fast nicht erkannt hätten, so schick wie ich heute sei.

Abends waren noch viel mehr Gäste eingeladen. Die Vereinskameraden aus Feuerwehr und Landjugend, Gesang- oder Reitverein und natürlich die Nachbarn oder Bekannten, die an jenem Abend den Stalldienst übernommen hatten.

Wenn sich alle an den Bratwürsten und dem Kartoffelsalat satt gegessen hatten und das Geschirr abgetragen war, wurde immer ein Trinkgeld für die Köchin gesammelt. Unter dem Vorwand, die Köchin hätte ihre Schürze angebrannt und bräuchte nun Geld für eine neue, wurde ein Brotkörble durch die Reihen weitergereicht. Ich fand es immer wieder lustig.

Zum Abendprogramm gehörten Sketche, die das junge Eheleben auf die Schippe nahmen oder auf den hoffentlich baldigen Nachwuchs anspielten. Dazwischen reihte sich der Brautwalzer und, was für uns Kinder am wichtigsten war, das Austeilen der Geschenke. Verwandte, Nachbarn und Bekannte gaben im Laufe des Hochzeitstages nämlich nicht nur für das Hochzeitspaar Geschenke ab, sondern auch für die Gäste. Diese Hochzeitssträußchen waren immer mit dem Namen des Beschenkten versehen, nur selten gaben sich die Schenker zu erkennen. Das hatte zur Folge, dass am darauffolgenden Tag die ganze Familie versuchte, die Handschriften zu enträtseln und die großzügigen Schenker der mit Eiskonfekt gefüllten Sammeltassen-Gedecke zu entlarven.

Das Brautpaar hatte in weiser Voraussicht seine Wünsche in Gästeportionen verteilt auf einen kleinen Spiralblock geschrieben. Jeder, der wollte, konnte sich eine Wunschseite ausreißen und erfüllen. Deshalb kamen aus den Bergen von Kartons und Geschenkpapier die Haushalts- und Babyausstattung zutage. Richtige Überraschungen gab es erst in den frühen Morgenstunden zu Hause: Wer der Landjugend angehörte, fand zumeist das neue Ehebett in Einzelteile zerlegt im Flur abgestellt und stattdessen Strohballen im Schlafzimmer samt Strohspur durch das ganze Haus. Alternativ die Badewanne mit Wasser und Kaulquappen oder Fischen befüllt und die Toilettenschüssel mit Geranien bepflanzt.

Ende der 1980er Jahre waren es die Beerdigungen, die die Nachbarn außer der Reihe zusammenkommen ließen. Wenn jemand gestorben war, eilte die Nachricht von Hof zu Hof, möglichst bevor am Tag darauf das Totenglöckle morgens um 9 Uhr die Botschaft über den Dächern des Dorfes verkündete. Die jungen Hofnachfolger trugen ihre alten Nachbarn und Nachbarinnen zu Grabe. Und wir alle standen mit der ganzen Dorfgemeinschaft am Grab und sangen mit dem Leichenchor gemeinsam das alte Paul-Gerhardt-Lied:

Befiehl du deine Wege und was dein Herze kränkt
der allertreusten Pflege des, der den Himmel lenkt.
Der Wolken, Luft und Winden gibt Wege, Lauf und Bahn,
der wird auch Wege finden, da dein Fuß gehen kann.

Neben all der tiefen Traurigkeit war es auch immer eine feierliche, fast tröstliche Atmosphäre bei den Beerdigungen von alten Dorfbewohnern, die nach einem „erfüllten Leben heimgegangen" waren. So stand es oft in ihren Traueranzeigen. Der Wolken, Luft und Winden gibt Wege, Lauf und Bahn, der wird auch Wege finden, da dein Fuß gehen kann. Mit diesem Gottvertrauen fand man sich auf dem Friedhof ab mit der Ordnung und dem Kreislauf des Lebens: Geburt, Wachsen, Reifen, Altern, Sterben. Oder Säen, Wachsen und Ernten. Manche aus tiefer Überzeugung, die anderen, weil an diesem Ort nichts anderes übrig blieb.

Schlachtvieh

Wie ich es hasste, das nervendurchdringende Schreien der Schweine am Sonntagabend. Am Abend vor dem Schlachten durften sie nicht mehr gefüttert werden. Sie sollten ihr Leben mit einem leeren Magen beenden. Dies betraf zwar nur die letzte Bucht und dort auch nur die mit blauer Kreide gekennzeichneten Schweine, aber da durch den durchgängigen Trog das Weiterlaufen des Futterbreis in das Revier der benachbarten Buchten nicht zu verhindern war, mussten an diesem Abend alle Schweine solidarisch miteinander fasten. Was sie jedoch nicht klaglos hinnahmen.

Schon mit dem Schieben des Riegels an der Stalltür begann das Grunzen, spätestens das Klappern des Melkgeschirrs entfachte ein ohrenbetäubendes Quieken in allen Tonlagen, bevorzugt in den höheren und höchsten, solchen, die an die Schmerzgrenze gehen. Vater versuchte zu beruhigen, indem er einfach Wasser in den Trog kippte, den Schweinen gut zuredete und ihnen versicherte, dass doch alles gut sei und es gar keinen Grund für dieses Theater gäbe.

Aber für die blau markierten Schweine in der letzten Bucht war eben nichts in Ordnung. Pünktlich um fünf Uhr am nächsten Morgen würde der Metzger mit seinem Mercedes und Viehanhänger auf den Hof fahren. Schon das Motorengeräusch war unverkennbar. Er war auch der Einzige, der an die Hintertür des Stalls fuhr und rückwärts mit seinem Anhänger bis zur Stalltür rangierte.

An die Tür, die sonst nur selten geöffnet wurde. Eigentlich nur, um zu kontrollieren, ob die Entmistungsanlage ihre Aufgabe ordnungsgemäß ausführte oder ob wieder eine sich nicht öffnende Schubstange den Weitertransport des Mistes blockierte. Oder an heißen Sommertagen, am Spätnachmittag, wenn die Sonne untergegangen war, damit sich die Luft im Stall wenigstens ein wenig bewegte. Die Tür roch dann immer nach Sonne und Holz und der abblätternden Farbe *Xyladekor rehbraun.* Außerdem war die Tür auch die bevorzugte Einflugschneise der Schwalben, und es war ratsam, sich ihr nur vorsichtig zu nähern.

Schon die Anfahrt des Metzgers, noch vor dem Einbiegen in die hintere Hofzufahrt, versetzte den ganzen Stall in Alarm. Als ob die Schweine und Kühe wüssten, dass dies nichts Gutes zu bedeuten hatte, wenn jedes Mal einige von ihnen den Stall verließen …

Vater war es wichtig, dass er vor dem Metzger an der Stalltür war, damit der Riegel sanft nach hinten geschoben wurde und nicht mit dem hastigen Gepolter des Metzgers. Die Tiere sollten nicht erschreckt werden. Aber das waren sie ohnehin schon. Mit viel Geschrei wurden die Schweine auf den Anhänger getrieben oder eine Kuh auf den Hänger gezogen. Wenn die Klappe des Viehanhängers geschlossen wurde, wurde es im Stall immer schlagartig still. Wie nach einem Gewitter, bei dem der Blitz andere getroffen hatte.

Ich war beim Verladen der Tiere nie dabei. Davor habe ich mich immer gedrückt. Ich wachte zwar auch schon auf, wenn der Metzger in seinem Mercedes auf dem Weg vor dem Haus vom Gas ging. Immer hielt ich mir die Ohren zu, bis das Prozedere vorbei war, wieder Ruhe einkehrte und das monotone Brummen des Melkmaschinenmotors meinen Einsatz ankündigte, so wie an jedem Morgen, als sei alles wie immer.

Kein Misston, der die fast leere Schweinebucht oder einen verwaisten Kuhplatz ankündigen würde. Das Öffnen der Stalltür an diesem Morgen war immer von einem Herzklopfen begleitet. Die gemächliche Abfahrt des schwer beladenen Metzger-Anhängers war Ankündigung genug. Und immer war die Stimmung an diesen Montagmorgen eine andere. Irgendwie stiller, irgendwie traurig. Die Kette, die vor dem leeren Kuhplatz ins Leere baumelte. Die Kühe der Nachbarplätze, die scheinbar verstohlen zur Seite blickten, um dann im Trog das frisch eingestreute Futter nur hin und her zu schieben, als suchten sie etwas darin. Ein übrig gebliebenes Schwein in der ansonsten leeren Bucht, das noch etwas fett gefüttert werden sollte bis zu dem Tag, an dem Onkel Alfred zur Hausschlachtung kam.

Und wie immer ging das Leben auch an jenen Montagen weiter. Aus der Scheune wurde eine hochträchtige Kalbin auf den leeren Kuhplatz geholt, sie sollte demnächst ihr erstes Kalb zur Welt bringen und dann hoffentlich mit einer guten Milchleistung die abgegangene Kuh ersetzen, die nach vielen Kälbern einfach nicht mehr trächtig geworden war. Das war noch eine der guten Möglichkeiten eines Abgangs altgedienter Kühe, die über viele Jahre an ihrem Platz gestanden hatten und jeden Morgen und jeden Abend gemolken worden waren.

Die Abholung einer festliegenden Kuh, die nach dem Kalben nicht mehr auf die Füße kam, war ein Desaster. Schon die Tage, manchmal Wochen zuvor, mit all den Versuchen, sie wieder auf die Beine zu bekommen, waren mit viel Geschrei verbunden. Mit vereinten Kräften wurde versucht, die schwerfällige Kuh anzuheben, bis sie irgendwie ihre eigenen Beine unter dem schweren Leib aufstellen konnte. Dieses gelang selten. In der nächsten Stufe wurde der Hebestand im Dorf geholt. Er war vom Viehversicherungsverein angeschafft worden und stand bei der Raiffeisenbank in einem Abstellraum des Lagerhauses.

Ein Kasten aus Eisenröhren wurde über die liegende Kuh gestellt, mit viel Muskelkraft und im Rhythmus der „Hau Ruck"-Rufe der Nachbarn wurden breite Bänder unter der Kuh durchgezogen, eingehängt und mit der Kurbel eines Seilzugs nach oben gezogen. Dann kam der spannende Moment: Ein Atemanhalten in der Hoffnung, die Kuh würde sich berappeln, ihre Beine zumindest so auf den Boden stellen, dass es den Anschein erweckte, sie würde wieder von selbst stehen. Meist endete es aber in einem erbärmlichen Anblick. Die Kuh hing in den Seilen wie ein Pfund Schnitz. Man ließ sie eine Weile hängen, um sie dann auf die andere Seite gedreht wieder vorsichtig zu Boden zu lassen und damit das Festliegen zu verhindern. Die Hoffnung, die Kuh würde vielleicht am nächsten Tag wie durch ein Wunder und mit Mineralstoffen aus Spritzen und Eimern zurück ins Leben und auf die Beine kommen, machte nun doch der leisen Vorahnung Platz, dass die Kuh notgeschlachtet werden müsste und ein Festliegen der Verwertung ihres Fleisches schaden könnte.

Der Tierarzt war ein täglicher Gast, der von den verzweifelten Versuchen der Bauern zwar gut lebte, aber sich darüber zumindest nicht sichtbar zu freuen schien. Seine Miene wurde von Tag zu Tag bedenklicher, bis dann endlich das Urteil feststand.

Die Abholung einer festliegenden Kuh an einem Montagmorgen war die Katastrophe schlechthin. Mit einem Seilzug wurde sie aus dem Stall und auf den Viehanhänger gezogen. Zurück im Stall blieb ein Kalb, das seiner Mutter nachblökte und nun die Milch von anderen Kühen bekam.

Das Drama war aber noch nicht beendet, wenn der Hebestand vor dem Stall mit dem Gartenschlauch abgespritzt und wieder auf dem Anhänger verladen den Hof verlassen hatte. Auch nicht, wenn die Rechnung des Tierarztes überwiesen war. Bekam die Kuh wegen verabreichter Medikamente oder Festliegen den Stempel des Fleischbeschauers nicht, musste sie über die Freibank verkauft werden. Die Freibank war ein Tisch in der Garage meiner Oma im Dorf. Dort wurde zu einem auf Plakaten im Milchhäusle und bei Metzger und Bäcker angekündigten Termin die Kuh in Portionen zerlegt verkauft. Portionen, die gemischt aus begehrteren Körperteilen, Knochen und Teilen, die keiner haben wollte, bestanden. Alle Dorfbewohner waren eingeladen, hier zu günstigen Preisen zuzugreifen; alle Mitglieder des Viehversicherungsvereins, also alle viehhaltenden Bauern, waren verpflichtet, ihre Ration, bemessen an der Viehanzahl in ihrem Stall, abzuholen. Notfalls wurde sie ihnen gebracht.

Bei Kalbinnen und jungen Kühen war der Ansturm groß, bei alten Kühen mussten die Mitglieder dieser Notgemeinschaft an ihre Pflicht erinnert werden. Eine Schmach für den Bauern, der hier eine seiner liebgewordenen alten Kühe portionsweise als Sauerbratenvorräte verhökern musste. Besonders peinlich war es, wenn die wartende Schlange der Fleischabnahmewilligen abgearbeitet war und hinter dem Metzger noch ganze Wannen voller sterblicher Überreste auf ihren Abtransport in die Gefriertruhen des Dorfes warteten. Wenngleich selten ausgesprochen, lag der Vorwurf in der Luft, es könne auch am Bauern gelegen haben, der seine Kühe eben zu gut fütterte, wenn diese nach dem Kalben nicht mehr auf die Beine kamen.

Unsere Kühe waren immer gut gefüttert, manchmal zu gut.

Ganz anders die Besuche des Metzgers an den Samstagnachmittagen, die diesen Montagen folgten. Dann lenkte er seinen Mercedes über die vordere Hofeinfahrt auf den Hof. Ohne Gummistiefel, ohne Plastikschurz, in glanzgebürsteten Lederschuhen und einer braunen Blousonjacke über dem hellen Hemd, die obersten Knöpfe offen. Seine Samstagsbesuche folgten immer demselben Ritual: Er stellte den Motor ab, ließ das Auto noch bis vor die Haustüre rollen, zog die Handbremse fest, neigte sich zur Beifahrerseite, um dort eine weiße Plastiktüte und die Geldmappe zu nehmen und damit aus dem Auto zu steigen. Mit zwei lässigen Schritten zur Haustüre, die zwei Stufen mit einem Schritt zur Klingel. Am Esszimmertisch legte er seinen Quittungsblock vor, darauf standen Tiere, Gewicht und Abrechnungspreis, irgendwelche Abzüge in Prozent, weil die Tiere angeblich nicht nüchtern oder zu fett waren, und am wichtigsten: doppelt unterstrichen der Auszahlungsbetrag. Dieser wurde in atemberaubender Schnelligkeit auf den Tisch geblättert, dann folgte die Aufforderung zum Nachzählen und zur Unterschrift.

In der Plastiktüte befand sich immer ein Sonntagsbraten von einem der Schweine oder des Bullen. Diese Dreingabe folgte einer Tradition und zur Beweisführung, dass die Tiere eben den in Abzug gebrachten Mangel hatten.

Meist waren wir Kinder um diese Nachmittagszeit alleine zu Hause und warteten wie geheißen auf den Metzger und seine Mitbringsel. Am meisten auf das Paket mit der Wurst. Salami, hauchdünn geschnitten, Presskopf in Vesperscheiben und ein Stück Kalbsleberwurst, die man im Laden nur Streichwurst nennen durfte, weil sie keine Kalbsleber gesehen hatte. Sonntagsbraten und Wurst sollten wir im Kühlschrank verstauen, das Geldbündel im Geheimversteck im elterlichen Schlafzimmerschrank. Dort lag, ziemlich unten im Wäschestapel, zwischen zwei noch unbenutzten Leintüchern aus Mutters Aussteuer, eine braune Volksbankmappe, das Werbegeschenk eines Weltspartages. Die Geldmappe war schon unzählige Male herausgeholt und wieder zurückgeschoben worden. Dies hatte seine unübersehbaren Spuren an den ehemals blütenweißen Bettlaken hinterlassen und keinem, der die Schranktüre öffnete, konnte dieses Versteck verborgen bleiben.

Montagmorgen wurden die Geldscheine zur Darlehenskasse gebracht. Im Vorraum des Lagerhauses hatte sie ihren Bankschalter, eine Luke in der Glaswand, zwischen Melkfettdosen und Bindebast für den Weinberg.

Fräulein Jockel zählte das durch die Luke geschobene Geld mit flinken Fingern nach und tauschte es gegen eine Zahl auf dem Kontostand ein. Spätestens ab hier hatte das Geld keine Verbindung mehr zu dem, woher es gekommen und wofür es gezahlt worden war. Jetzt wurde es mit anderem Geld verrechnet und stand dann als schwarze oder rote Zahl auf dem Kontoauszug, wie es hieß, obwohl alle Zahlen in Schwarz gedruckt waren. Vor der Abbuchung der vierteljährlichen Raten der Landsiedlung für die Tilgung der Schulden der Aussiedlung waren es schwarze Zahlen, danach rote Zahlen.

In Wahrheit waren es aber keine Zahlen, weder schwarze noch rote, sondern Schweine, Bullen, Kühe, Milch, Weizen, Zuckerrüben und Trauben, die hier auf das Konto kamen. Nach unendlicher Mühe, noch mehr Handgriffen, Sorgen, schlaflosen Nächten.

Der Bulle, der verkauft worden war, war vor mehr als drei Jahren in einer Schwergeburt mit zwei Stricken und vier kräftigen Männerhänden kurz nach Mitternacht auf die Welt gezogen worden. Überglücklich, dass alles gut gegangen, war das kräftige Fleckviehkalb mit Büscheln aus Stroh trocken gerieben und in der ersten Schweinebucht auf eine dicke Strohmatratze gelegt worden. Noch mitten in der Nacht hatte Mutter rasch einen Liter Biestmilch von Hand zischend in den alten BASF-Maßbecher gemolken und dem Kalb mit einem eingetauchten Daumen und gutem Zureden als erste Stärkung auf dieser Welt angeboten. Danach drei Jahre lang jeden Morgen, jeden Abend füttern, misten und frisch mit Stroh einstreuen. Erst die gelblich dicke Biestmilch, danach das aus dem süßlichen Trockenmilchpulver angerührte weiß schäumende, erste Getränk aus dem Nuckeleimer, erstes Heu, vom guten Kälberheu, der erste Schnitt vom Baumstück auf der Heide mit den vielen Kräutern, im Sommer Grünmais, im Herbst Rübenblatt und im Winter Futterrüben. Ungezählte Stunden im Stall, in der Heuwiese, unterm Eternitdach beim Stapeln der schweren Strohballen, auf dem Maisfeld, auf dem Rübenacker, im Rübenkeller.

Die Schweine aus der letzten Bucht waren gerade mal ein Dreivierteljahr zuvor in der ersten Bucht auf die Welt gekommen. Vor der alten Muttersau hatte ich immer großen Respekt, da sie immer so unvermittelt zuschnappte, und alleine der Anblick ihrer großen Eckzähne war furchterregend. Immer, wenn sie hochträchtig war, kam sie in einen Kastenstand. Das Scheppern, wenn sie in den ersten Tagen noch versuchte, gegen ihre Gefangenschaft zu rebellieren, war bis in mein Zimmer zu hören. Wenn es an der Zeit zum Ferkeln war, wurden die Stallkontrollgänge in immer kleiner werdenden Zeitabständen durchgeführt. Bei Tag und bei Nacht. Tagsüber, wenn die Eltern auf dem Feld waren, war es unsere Aufgabe. Wir sollten dabei das Gesäuge im Auge behalten. Sobald die Zitzen rot und dick wurden, hieß es, dass die Milch für die Ferkel schon eingeschossen war und dann war es Zeit für Alarm. Irgendwie ging es dabei immer um Leben und Tod. Ein tot geborenes Ferkel, das in der Ecke der Bucht lag, bis alle Geschwisterferkel in Sicherheit waren, war ein schrecklicher Anblick. Auch wenn ich mir große Mühe gab, nicht in diese Ecke zu schauen, schaffte ich es nicht. Am allerschlimmsten war ein tot gedrücktes Ferkel. Ein Ferkel, das von seiner schwerfälligen Mutter beim Hinlegen erdrückt worden war. Angekündigt von einem markerschütternden Quieken. Manchmal gelang es, die Muttersau mit Tritten in den Bauch zu traktieren, dass sie sich nochmals erhob und das Ferkel gerettet werden konnte. Meist war es aber zu spät. Und immer blieb das Gefühl, den Tod dieses kleinen Ferkels auf dem Gewissen zu haben, weil ich nicht zur rechten Zeit dabei war. In den ersten Tagen haben wir viele Stunden bei den Ferkeln verbracht. Mit den Ferkeln unter der Rotlichtlampe, die die Ferkel noch rosiger erscheinen ließ und ihren unverkennbaren Duft verstärkte. Es roch nach warmem Stroh, nach Sonne auf dem Stoppelfeld vermischt mit dem süßlichen Geruch der samtig weichen Ferkel. Legte sich die Muttersau hin, begann das Gewusele, ein Wettlauf zu den 14 Anschlussstellen der Milchbar. Die Kräftigen waren die Sieger, die Schwachen die Verlierer. Offensichtlich kannten die Siegertypen die besten Zitzen und wurden deshalb schnell größer, während die schwachen „Verrecklinge" um ihr Überleben kämpfen mussten. Ich war stolz, wenn ich es geschafft hatte, den Schwächeren zu helfen und für sie eine Zitze zu verteidigen, von der sie nicht abgedrängt wurden. Mir erschien es als ausgleichende Gerechtigkeit, wenn die Schwächeren am Ende ihres Lebens noch eine weitere Gnadenfrist bekamen. Es waren die schwereren Siegertypen, die – in der letzten Bucht angekommen – zuerst mit blauer Farbe gekennzeichnet und Montagmorgen den Stall verlassen hatten, während die Schwachen noch für ein, zwei weitere Wochen weitergemästet wurden. Dazwischen lagen viele Säcke voller Getreidekörner, die an heißen Augusttagen gedroschen, mit dem Körnergebläse auf den Schuppenboden geblasen, an Regentagen in Säcke abgefüllt, über den Hof und die Treppe zur Schrotmühle hochgetragen und dann im Schweinetrog gelandet waren. Körbe mit Kartoffeln, auf dem Kartoffelfeld im Herbst als Schweinekartoffeln aussortiert, im Laufe des Winters im Keller von ihren Keimen befreit, wieder in Körben hochgetragen und im Kartoffelkessel gekocht. Die noch warmen Kartoffeln in der Hand zerquetscht und über das Schrot-Wasser-Gemisch in den Schweinetrögen verteilt. Zweimal die Jaucherinnen und die Stallfenster geputzt, ungefähr 120-mal mit Stroh eingestreut und wieder ausgemistet …

Ganze Filmrollen an Erinnerungen, Farben, Gerüchen, der Schweiß von heißen Sommertagen, die kalten Hände der kühlen Herbstmorgen, die Hetze bei heraufkommenden Gewittern bei der Heuernte, das Glück eines gesunden Kalbes und munter quiekender Ferkel, die Freude über ihr Heranwachsen, all das war jetzt nur noch eine Zahl auf dem Kontoauszug. Bareinzahlung!

Kirschen Sommer 1982

Kirschen Sommer 1982 – das Etikett auf dem Weckglas trug die Handschrift unserer Mutter. Noch Jahre nach ihrem Tod standen Weckgläser in den unterschiedlichsten Größen fein säuberlich sortiert im Regal unseres Speisekellers. Ganz links die Marmeladengläser, in der Mitte das Eingedünstete und rechts die Wurstbüchsen.

Unverkennbar die handbeschriebenen Klebeetiketten mit Mutters Schönschrift: Kirschen, Zwetschgen, Birnen, Pfirsiche, Stachelbeeren – allesamt aus dem Jahr 1982, ihrem letzten Sommer. Sie wusste es, wir ahnten es, dass es der letzte Sommer sein würde. Nur selten gelang es, dies zu leugnen. So zu tun, als ob alles wie immer weitergehen würde, dass sich die Kirschen 1982 einfach zwischen die Gläser von 1981 und 1983 einreihen würden, weil es immer so gewesen war und schon alleine deshalb immer so sein müsste.

Wie gern habe ich als Kind meiner Mutter beim Schreiben zugeschaut. Es war immer etwas feierlich, wenn sie ihren guten Füller und das Pelikan-Tintenfass königsblau aus der Schublade des Wohnzimmerbuffets holte und auf dem Esszimmertisch eine Zeitung als Unterlage ausbreitete. Die klassischen Großbuchstaben K, Z, B, P oder S, die mit geschwungenen Bögen in die nachfolgenden Kleinbuchstaben übergingen, lediglich überragt durch die t, h und f, die steil nach oben zur Decke gezogen die restlichen Buchstaben überragten, das f nach unten in den Keller gezogen – wie von unsichtbaren Linien in einem Rahmen gehalten standen die Buchstaben. Meist schrieb sie eine Inhaltsbezeichnung für Gefrierdosen und Eindünstgläser oder ihre Unterschrift unter Klassenarbeiten. Obwohl sie von allen nur Rose genannt wurde, für die Älteren im Dorf war sie die Neuschwanders Rose und für die Jüngeren Siegels Rose, je nachdem wer sie schon unter ihrem Mädchennamen gekannt oder erst später als verheiratete Frau kennengelernt hatte. Davon unbeirrt schrieb sie immer Rosemarie. Das gefiel mir besonders gut. Ausgesprochen klang Marie nach Rose so ganz anders als alleine gestellt. Die Betonung auf dem ie hatte fast schon etwas Fremdes und Vornehmes. Wie eine Rose ohne Dornen.

Buchstabe für Buchstabe wie im Schönschreib-Übungsheft der ersten Klasse auf der letzten Seite, nach vorhergegangenem seitenlangen Üben. Nie wäre es ihr in den Sinn gekommen, ihre Unterschrift durch irgendeinen Haken außerhalb der gedachten Linie zu individualisieren. Ihre Unterschrift war ihr Markenzeichen. Immer Haltung bewahren. Es würde dieselbe Zeit in Anspruch nehmen, ob man schlampig oder schön schrieb, ob mit Fehlern oder fehlerfrei. Deshalb erwartete sie auch von uns eine schöne und fehlerfreie Handschrift!

Mit einfachen Mitteln Schönes zaubern, inmitten von Staub, Schweiß und Mist, war es, was meine Mutter liebte. Mit Füller,

Tintenfass und Fließpapier, das immer den ersten Tintentropfen von der Füllerfederspitze aufsaugte, bevor die Feder auf das Papier gesetzt wurde. Mit einem weißen Handtuch und feiner Seife neben der Emaille-Waschschüssel mit warmem Wasser auf dem Melkschemel im Stall für den Tierarzt, mit einem Strauß Wiesenblumen auf dem mit goldener Nähseide in Hohlsaum bestickten Deckchen auf dem Nähmaschinenschrank im Wohnzimmer.

In den Erstklässler-Schreibheften von Brunnen, die im zweiten Halbjahr die Schiefertafel ersetzten, waren die Linien noch sichtbar gezogen. Eine Rahmenlinie oben und unten – Decke und Keller nannten wir diese – und in der Mitte nochmals zwei Linien, innerhalb derer sich die Kleinbuchstaben einpassen mussten. Seitenlang übten wir den Schwung für die L und M – erst die Buchstaben getrennt, dann dreimal groß, dreimal klein, dann Namen wie Anna, Otto in Dauerschlaufe … Es hatte schon fast etwas Meditatives, Kunstwerke mit Tinte auf Papier gemalt mit gleichförmigen Bögen und – ganz wichtig –: in einem Schwung, ohne vor dem Zeilenende abzusetzen. Der Tintenklecks hätte es verraten. Buchstabe für Buchstabe füllte Seite um Seite, ohne dass auch nur einer von ihnen aus dem Rahmen fiel.

Hinter den Klebeetiketten waren die Farben und der Geschmack des Sommers eingekocht und tiefgefroren. Die Kirschen, die wir an einem Sonntagabend nach der Stallarbeit mit Vater zusammen auf der Heide gepflückt hatten. Zwei alte Kirschbäume standen auf unseren Wiesen beim Sportplatz auf der Botenheimer Heide. Nur dreimal im Jahr kamen wir dorthin. Im Frühjahr zum Heumachen, im Sommer vor dem Heidepokalturnier, um die Wiesen abzumähen, damit sie den Fußballern und ihren Zaungästen als Parkplätze zur Verfügung stünden, und an einem Sonntagabend im Sommer, um die Kirschen zu holen. Mit dem Fendt-Geräteträger, mit dem man so geschickt unter die Bäume fahren konnte, damit wir Kinder von der Ladepritsche aus unsere Körbe mit Kirschen füllen konnten. Gegessen haben wir immer wenig davon. Die weißen Würmer fanden wir eklig, aber sie gehörten dazu – als sichtbarer Beweis, dass die Kirschen ungespritzt waren, hieß es. Vater beteuerte jedes Mal, dass er im nächsten Jahr doch mal spritzen wolle, um diesem Theater ein Ende zu setzen. Mit dem Theater war das Gemaule von uns Kindern gemeint, wenn auf dem Mittagstisch neben den Grießschnitten in der Schüssel mit den eingekochten Kirschen noch ein paar der weißen Würmchen schwammen, die sich beim Abschütten des Weckglases offensichtlich versteckt hatten und erst danach an die Oberfläche kamen. Gespritzt wurde trotzdem nie und auf die Würmer war Verlass. Wir sollten uns nicht so anstellen, die armen Würmchen hätten sich ja ausschließlich von Kirschen ernährt und seien demnach auch nicht viel anderes als das fruchtige Drumrum. Außerdem schwammen sie bis zum Verzehr ohnehin viele Monate, manchmal Jahre in Zuckerwasser eingelegt und hatten längst jegliches Eigenleben verloren.

Die Pfirsiche kamen von den zwei Bäumchen inmitten der Weinberge im Giesübel und in der Sommerhälde. Sie wurden dort automatisch mitgespritzt, wobei die harten Früchte mit der dicken pelzigen Schale für die Würmer ohnehin weniger attraktiv gewesen wären als die süßen Kirschen mit ihrer dünnen Haut. Im Spätsommer standen sie in Eimern vor der Gartentüre, bis

Schwärme von Fruchtfliegen verkündeten, dass die ersten davon matschig waren. Die Pfirsiche waren den Exemplaren aus den südlichen Ländern, die die Schulkameraden manchmal in der Pause aßen, in allem unterlegen: in Größe, Geschmack, Saft und Farbe. Unsere wurden mit kochendem Wasser übergossen, damit sich die samtig weiche Haut, die auf der Zunge so unangenehm kitzelte, abziehen ließ. Die glitschigen nackten blassrosafarbenen Kugeln wurden halbiert in die Eindünstgläser geschichtet, pro Glas zwei der Pfirsichkerne mit beigelegt, damit die Pfirsichhälften auch Monate später noch blassrosa und nicht mausgrau zusammen mit Waffeln auf den Tisch kommen würden. Mit einer Zuckerlösung übergossen, der Rand des Glases mit einem feuchten Finger abgestreift, die frisch ausgekochten, noch geschmeidig weichen roten Einkochringe draufgelegt und die Deckel mit den rostigen Bügeln aufgedrückt. Im Weck-Einkochbuch, das immer im grauen Eindünsthafen lag, war auf der zweitletzten Seite eine Tabelle mit den Angaben zur Zuckerlösung und den Einkochzeiten für die unterschiedlichen Früchte. Ein langes Thermometer, dessen Skala durch ein Loch im Deckel ragte, wurde uns Kindern zur Aufsicht überlassen.

Stachelbeeren wuchsen zusammen mit Roten und Weißen Johannisbeeren im hinteren Teil des Gartens vor dem Stall. Dort, wo die Schwalben laut zirpend ihre Runden drehten, bevor sie kurz im Stall verschwanden, um gleich darauf wieder wie Pfeile herauszuschießen. Meist war der Boden nach einem Gewitterregen aufgeweicht, wenn wir mit unseren Melkschemeln um die Büsche wanderten, um Ast für Ast von den Beeren zu entleeren. Die Tage, an denen es auf den Feldern und in den Weinbergen zu nass war, wurden für Garten- und Hausarbeiten genutzt. Die Beine der Schemel bohrten sich tief in die feuchte Erde, die nach Sommerregen diesen besonderen Geruch verströmte. Aus allen Ritzen und Poren: fett und fruchtbar. Zwischen den Beerenbüschen üppig wachsende Ackerwinden und Vogelmiere verhinderten, dass die Erde an Schuhen und Eimern kleben blieb. Beim Wasserhahn an der Stallwand haben wir diese Beeren im Gartenweg gewaschen – Schüsseln und Eimer mit Wasser befüllt und die Beeren einfach von Gefäß zu Gefäß umgesetzt, bis das Wasser sauber blieb. Dann wurde das Wasser zum Gießen verwendet – egal, wie viel es auch geregnet hatte. Immer noch besser, als es den Abfluss im Spülbecken runterlaufen zu lassen. Einen Teil der Johannisbeeren haben wir für die Träubleskuchen im Winter abgebeert. Beere für Beere vom Kamm in Gefrierdosen abgestreift. Der Rest wurde durch einen besonderen Vorsatz des Fleischwolfes gedreht, um für Marmelade neben den Kämmen auch noch die Häute und Kerne vom Fruchtfleisch zu trennen. Die Stachelbeeren landeten mit Zuckerwasser übergossen in Weckgläsern im Eindünsthafen. Über diese Zeit stand der Zentnersack mit Zucker in der Küche, dort, wo im Winter das Holz für den Küchenherd lagerte.

Die Gürkchen, die beim Pflücken immer so gemein piksten, wuchsen auf der unförmigen Ackerecke hinter dem Schuppen. Sie mussten meist in den Sommerferien morgens geerntet werden, solange sie von der Nacht noch frisch waren und der Schuppen seinen Schatten drüberwarf. Nach gründlichem Bürsten und Anschneiden des Stiel- und Blütenansatzes lagen sie einen Tag in einer Salzlake, bevor sie in die Weckgläser geschichtet wurden. Unten erst eine Lage mit größeren stehend, darauf mit kleinen und krummen Gürkchen aufgefüllt. Wir machten immer einen Wettbewerb draus: Wer schaffte es, die Gurken so einzufüllen, dass möglichst wenig Hohlräume blieben.

Auf diesem Stückchen Land, unserem Lieblingsgarten, da er zusammen mit dem restlichen Acker im Herbst gepflügt wurde und nicht von Hand umgegraben werden musste, wuchsen auch blaue und weiße Krautköpfe, Rote Bete und gelbe Rüben. Diese wurden im Herbst zusammen mit den Futterrüben für die Kühe in einer Ecke des Rübenkellers in Sand eingelagert.

In den Kellerregalen füllte sich Reihe um Reihe mit Gläsern: Marmelade in allen Farben, Eindünstgläser in verschiedenen Größen. Es war ein schönes Bild und es bereitete ein gutes Gefühl. Aus Eindünstgläsern, Wurst- und Gefrierdosen konnten wir auch in den Monaten, in denen im Garten nichts zu ernten war, aus dem Vollen schöpfen und kamen damit durch möglichst viele Wochen, ohne einen Geldschein wechseln zu müssen.

Plötzlich war es ganz still

Die Haustür fiel mit einem Geräusch ins Schloss, das die schier unerträgliche Anspannung für einen Moment zerriss. Als ob eine Stoffbahn mit einer Handbewegung in zwei Teile zerrissen wird. Ein kurzer Ratsch und aus der fließenden Lebensbahn werden zwei Teile: ein Davor und ein Danach.

Vater stand an diesem Junimorgen mit uns vier Töchtern noch einen kurzen Moment im Flur, dort, wo sich eben die zwei Männer verabschiedet hatten. In festlichen dunklen Anzügen mit korrekt gezogenem Scheitel und glanzpolierten Schuhen. Sie ließen einen leichten Hauch von Rasierwasserduft zurück, der sich mit dem Kuhstallgeruch zu einer eigenartigen Mischung vereinte. Durch die Glaseinsätze der Haustüre fielen einzelne Sonnenstrahlen und ließen, bevor sie die abgewetzten Stellen des Flurläufers erreichten, den Staub in der Luft tanzen. Vater hatte die Stallarbeit nur kurz unterbrochen, die mit Mist behafteten Schuhe vor der Küchentüre gegen die Hausschuhe getauscht und stand nun hier im Flur. Wortlos starrte er auf die Türe, die sich geschlossen hatte. Dann begann er zu weinen. Leise, kaum hörbar. Nur das umständliche

Kramen nach einem Taschentuch in seiner blauen Latzhose ließ es erahnen. Mit den Tränen schien auch die Schockstarre beendet. Abrupt drehte er sich um und eilte, als ob er etwas Wichtiges versäumen könnte, durch Küche und Esszimmer über die Terrasse in den Garten. Von der Stelle unter den drei Birken konnte man den Weg ins Dorf überblicken. Fast zwei Kilometer schlängelte er sich zwischen Feldern und Wiesen bis zum Dorf, nur an der Abzweigung zum Sportplatz machte er eine leichte Biegung, die aber, seit die Bäume an dieser Stelle gefällt waren, den Blick bis zu den ersten Häusern nicht weiter störte. Hier an dieser Stelle hatte unsere Mutter im Winter oft gestanden, um uns nachzusehen, wenn wir vor Tagesanbruch mit dem Fahrrad zur Bushaltestelle im Dorf fahren mussten. Von hier aus hatte sie die Rücklichter der Fahrräder im Auge, bevor diese beim ersten Haus um die Wegbiegung in der Sicherheit des Dorfes verschwanden. Von dieser Stelle aus hatten wir abends in der Dämmerung oft den Weg nach dem Traktor abgesucht, der die Eltern nach Hause bringen würde. Heute standen wir mit Vater da, um dem Leichenwagen nachzusehen, der unsere Mutter abgeholt hatte und nun langsam dem Dorf zu fuhr.

Auf den Wiesen lag das Heu, das noch geschwadet und eingefahren werden musste, die Reben in den Weinbergen wuchsen uns über den Kopf, in den Zuckerrüben-Feldern sollte das Unkraut gejätet werden. Alles war wie immer um diese Jahreszeit. Es war sonniges Frühsommerwetter und alle Hände wurden dringend gebraucht. Jetzt waren es zwei Hände weniger.

Krebs, diese Diagnose beendete an jenem Herbsttag vor sieben Jahren meine Kindheit. Ich kam aus der Schule und alles war wie immer. Ich lehnte mein Fahrrad ans Kellergeländer und ging durch den Hintereingang über die Futter- und Waschküche ins Haus. Meine Mutter war noch beim Kochen und kam aus der Speisekammer. Sie weinte. Das war der Moment, der meine Welt aus den Angeln hob. Nichts war mehr wie zuvor und es sollte auch nie mehr so werden. Ein Besuch beim Frauenarzt war für die Verspätung beim Kochen verantwortlich. Ein Knoten in der Brust. Sie hatte ihn schon vor einigen Wochen bemerkt. Aber die Weinlese war wichtiger. Vielleicht wollte sie auch die Hoffnung noch ein wenig aufrechterhalten, dass der Schlag einer Kuh beim Melken diese Verhärtung bewirkt hatte. Aber die Verhärtung war über die Weinlese nicht kleiner geworden und nun stand der Verdacht auf Brustkrebs im Raum. Wir wussten alle, was dies hieß. Zu oft hatte Mutter die Geschichte ihrer krebskranken Tante erzählt, die sie bis zu ihrem Tod begleitet hatte. Wir hatten genau vor Augen, wie es ablaufen würde: eine Operation, die schon alleine gereicht hätte, um dem erst 40-jährigen Körper das Todesurteil sichtbar einzumeißeln. Bestrahlungen, die die Haut würden aussehen lassen wie ein Waffeleisen. Gebrandmarkt.

Oder konnte es sich doch um ein Missverständnis handeln? Was wusste denn der Frauenarzt schon von ausschlagenden Kühen? Und hatten wir denn nicht erst noch in einem Lied den Gott gelobt, der „alles so herrlich regieret"? Warum sollte dieser Gott denn ausgerechnet unserer Familie so etwas antun? Und überhaupt: die Kühe im Stall, die gemolken und gefüttert werden mussten, Tag für Tag, sonntags, werktags, feiertags, und zwar morgens und abends. Die Futterrüben noch auf dem Feld, die alle in den Keller befördert und von dort über den Winter Stück für Stück wieder heraufgetragen werden wollten. Und erst recht meine jüngeren Schwestern. Erst 4, 7 und 12 Jahre alt. Ich selbst 14 Jahre alt. Irgendwie konnte diese Nachricht einfach nicht wahr sein. Selbst wenn ich all meine Vergehen, die mir zuweilen ein schlechtes Gewissen bereiteten, zusammenzählte, sie würden niemals ausreichen, um diese Strafe zu rechtfertigen. Und vielleicht sollte uns das Ganze einfach nur einen Schrecken einjagen, der sich nach der Operation in nichts auflösen würde. Eben doch nur verhärtetes Gewebe, so wie es sich eben nach dem Treffer einer Kuhhufe zeigte.

Das Gesicht meines Vaters, als er nach dem Telefonat mit dem operierenden Arzt den Telefonhörer auflegte, sprach Bände. Die schweren Schritte, mit denen er zurück zur Eckbank ging und sich auf seinen Platz an der Stirnseite des Tisches setzte, die Bewegung, mit der er sein Gesicht in den Handflächen vergrub und schluchzte, bedurften keiner Nachfrage. Wortlos war alles gesagt. Wir Kinder standen ratlos dabei. Es war das erste Mal, dass wir unseren Vater weinen sahen. Also doch: Die mühsam am Leben erhaltene und zart keimende Hoffnung war mit einem Schlag vernichtet. Also doch.

Jetzt fuhren die beiden festlich gekleideten Männer im Leichenwagen mit den goldenen Ähren auf den schaurig schwarzen Scheiben Richtung Dorf.

Sieben Jahre mit ungezählten schlaflosen Nächten und sorgenerfüllten Tage waren beendet. Ein Albtraum war abgeschlossen. Zuerst die Krankenhausaufenthalte mit mehreren Operationen in Folge, dann die Bestrahlungen, zu denen sie immer mit dem Krankentaxi abgeholt wurde und nach denen ihr immer so furchtbar übel war, wenn sie zurückkam. Trotzdem ging sie in den Stall zum Melken. Ihren BH mit dem schwabbeligen Einsatz hatte sie im Bad immer mit anderen Kleidungsstücken zugedeckt. Wir sollten es nicht sehen, sie wollte uns schonen, und sie kämpfte um ihr Leben. Wir alle kämpften mit und sammelten in Gottes Apotheke nach den Rezepten von Maria Treben Blüten, Blätter und Wurzeln. Stellten mit Ringelblumenblüten und Melkfett eine Salbe her, damit die Narben, die ihren Körper verschandelten, nicht so hart werden würden. Wir sammelten in den sumpfigen Stellen im Wiesental hinterm Dorf Zinnkraut und machen damit Umschläge und Tee. Zinnkraut sei ein Mittel gegen jedwede Art von Tumoren. Schafgarbe und Labkraut haben wir zu Tinkturen verarbeitet und Mutter kaute tapfer die bitteren Kalmuswurzeln.

Der Tod war für uns keine Option. Sie durfte nicht sterben. Nicht so jung, nicht jetzt. Niemand von uns wollte es zu Ende denken, das machte Mutter mit Vater zusammen in schlaflosen Nächten. Manchmal hörte ich sie weinen.

Tagsüber hofften wir gemeinsam auf ein Wunder. Und tatsächlich. Die Untersuchungen, die in regelmäßigen Abständen den Behandlungserfolg der Bestrahlungen kontrollieren sollten, brachten Entwarnung. Jedes Mal mit panischen Ängsten das Ergebnis erwartend, freuten wir uns riesig über jede „Alles in Ordnung, wir sehen uns in drei Monaten wieder"-Botschaft. Die Angst aber blieb ein ständiger Begleiter. Mit jedem Zwicken, jeder noch so scheinbar bedeutungslosen Veränderung war es sofort wieder da: das Damoklesschwert über uns.

Langsam eroberte Mutter ihren Alltag zurück. Von den guten Vorsätzen auf dem Krankenbett, dass sie ja gar nicht mehr arbeiten wolle, nur noch zehn Jahre da sein dürfen, bis die Kinder aus dem Gröbsten raus sind, blieb bald nichts mehr übrig. Denn die Arbeit musste getan werden, ohne Wenn und Aber. Kranksein war nicht vorgesehen.

Und dann schlug das Schwert erbarmungslos zu: Ein zunächst in diesem Zusammenhang unbedeutender Unfall brachte die Metastasen in homöopathischen Dosen zutage. Jedes Kügelchen wie eine Bombe, die einschlug und ihr Ziel nie verfehlte. Mitten ins Leben.

Der Handgriff des zweirädrigen Milchtank-Transportkarrens, der zum Entleeren durch das Milchauto vorne an die Hofeinfahrt gestellt werden musste, schnellte ruckartig nach oben und kugelte Mutter das Schultergelenk aus.

Nach wochenlangen Schmerzen, Untersuchungen und vielerlei Therapien kam leise der Verdacht, dass hier etwas nicht stimme, und schließlich die Diagnose: Knochenkrebs. Auf den Äckern ernteten wir die Futterrüben. Die Tränen fielen morgens in die taunassen Blätter, mittags auf die spätsommerlich trockene Erde und abends im Futterrübenkeller auf den festgetretenen Erdboden.

Leises Hoffen, verzweifeltes Bangen und pures Entsetzen wechselten sich in immer engeren Takten ab. Chemotherapie, Metastasen in Lungen und Leber. Er könne jetzt leider nichts mehr für sie tun, erklärte der Arzt, der bis dahin die Chemotherapie als große Chance angepriesen hatte, den Abbruch der Behandlung.

Und dann ging alles sehr schnell. Die Chemotherapie hatte den Körper ohnehin schon geschwächt, jetzt kamen Schmerzen dazu, die ohne Morphium nicht mehr auszuhalten waren, Metastasen an Knochen, die sich wie Beulen nach außen wölbten. Der Anblick – ein Schock für alle, die sie besuchten. Und es waren viele.

Eine Welle der Hilfsbereitschaft erreichte uns. Die Verwandtschaft, die Nachbarn, die Sänger des Kirchenchores … sie alle halfen mit.

Erst nachts waren wir alleine. Letztlich jeder für sich. Die Mutter mit ihren Schmerzen, auf den Hausarzt wartend, der mehrere Male am Tag ins Haus kam. Das letzte Mal immer gegen Mitternacht. Der Vater, der sich in seiner Verzweiflung zurückzog und die Kühe noch intensiver striegelte. Und wenn sie beim Melken das Melkzeug abschlugen, entlud sich die Anspannung und man hörte ihn noch im Schlafzimmer brüllen.

Die beiden jüngsten Schwestern, die morgens zur Schule mussten, ganz egal, was in der Nacht zu Hause war, und die alleingelassen ihre Angst und Trauer mit sich ausmachen mussten. Weil alle mit sich selbst beschäftigt waren.

Ich blieb nachts an ihrem Bett, wechselte mich mit ihren Schwestern ab bis zu jenem Tag, an dem Mutter, als ich morgens die Vorhänge zurückschob, sich darüber freute, wie schön die Sonne ins Schlafzimmer scheinen würde. Es war aber ein trüber Tag. Weit und breit war keine Sonne zu sehen.

In der nächsten Nacht saßen wir alle an ihrem Bett. Unser Vater, wir Kinder, ihre Schwestern und eine Freundin.

Sie starb kurz vor Mitternacht.

Angesichts des Lebens

Überwiegend heiter hatte der Wetterbericht für die nächsten Tage vorhergesagt. Ein wunderschöner Tag mit viel Sonne und nur wenigen Schleierwolken wurde für heute versprochen.

Das war für das gemähte Gras vonnöten, um als gutes Heu eingefahren zu werden. Die beiden trüben und kühlen Tage zuvor hatten alles verzögert. Schafskälte nannte es Oma.

Der Wecker riss mich aus meinem Erschöpfungsschlaf. In den Birken vor dem Schlafzimmerfenster zwitscherten die Vögel in allen Tonlagen. Heute schienen sie mir deutlich lauter als an anderen Tagen, trotzdem wurden sie von den Warnrufen einer Amsel in den Nachbarshecken übertönt. Wahrscheinlich streifte unsere Hof- und Stallkatze Minka mal wieder durchs Gebüsch auf der Lauer nach den frühen Vögeln.

Alles schien wie immer, wie ein ganz normaler Junimorgen mitten in der Heuet. Aber es war nichts mehr wie immer.

Auf dem Weg zum Stall streifte ich kurz das Bad, um wenigstens zwei Hände voll kalten Wassers ins Gesicht zu spülen. Kaum gab es noch Spuren, die an Mutter erinnerten. Schon seit Wochen hatte sie das Bett nicht mehr verlassen können, ins Bad war sie schon lange nicht mehr gekommen. Ihre Kleider und der BH mit dem wabbeligen Einsatz waren nach und nach weggeräumt worden. Noch im Winter hatte ich beim Schlafzimmerputzen nachgefragt, was ich denn mit ihrem handgewebten Rock tun solle, der dort zum Lüften über dem Stuhl hing. Es wäre ihr egal, sie brauche ihn nicht mehr.

Ja – sie hatte sich langsam sehr bewusst vom Leben verabschiedet und sie hat es auch uns gegenüber so benannt. Sie hatte sich einverstanden erklärt mit dem, was nicht mehr zu ändern war. Befremdlich erschien ihr das manchmal hilflose Gestammele, wenn ihr Besucher wünschten, dass es bald wieder bergauf gehen möge, selbst dann noch, als der Tod ihr seine Vorzeichen schon ins Gesicht gemeißelt hatte.

In dieser vom Krebs zerfressenen Körperhülle gab es kein Weiterleben. So erschien der Tod am Ende als Erlösung, lange geleugnet und bekämpft, immer gefürchtet und am Ende erwartet. Und trotzdem schlug er mit voller Wucht zu. Eine endlose Kette von „nie mehr" reihte sich aneinander:

Nie mehr Muttertag mit einem frisch gepflückten Wiesenstrauß, nie mehr Hochzeitstag mit dem aufgestellten Hochzeitsfoto und der Geschichte von den Nelken statt Rosen im Brautstrauß, nie mehr mit Großer Gott wir loben dich um die Schachtdeckel fahren, nie mehr …

Undenkbar wäre es für sie früher gewesen, auch nur einen halben Tag etwas anderes zu tun als zu arbeiten: im Frühjahr während des Rübenhackens, im Sommer, wenn die Reben über die Köpfe wuchsen und das Heu eingefahren oder im Herbst die

Kartoffeln, Rüben und die Trauben geerntet werden mussten. Mit vier Kindern und zehn Kühen im Stall war es unmöglich gewesen, auch nur eine Nacht anderswo zu verbringen. Der Gedanke an Urlaub war nahezu abwegig. Ihr Leben lang zehrte sie von einer mehrtägigen Radtour mit Freundinnen durch den Schwarzwald. Sie musste sich damals die Zeit und die Erlaubnis dafür erkämpfen. Eine der Freundinnen hatte einen Fotoapparat, so füllte diese Radtour ein ganzes Album, die einzigen Urlaubsfotos ihres Lebens. Undenkbar war es damals auch gewesen, auf eine höhere Schule zu gehen oder gar ein Musikinstrument zu erlernen.

Manche ihrer Träume hatte sie nie ganz aufgegeben. Später, wenn die Schulden weniger und die Kinder älter wären, wollte sie noch so vieles verwirklichen. Sie wollte noch etwas von der Welt sehen. Sie wäre die Erste, die in dieser Familie nach Kanada reisen würde, meinte sie manchmal scherzhaft mit einem Seitenblick zu Vater. Es war zwar sein Bruder, der mit seiner Familie in Kanada lebte, aber es war Mutter, die mit langen Briefen und Weihnachtspaketen den Kontakt hielt. Deshalb, so meinte sie, hätte sie als Erste das Recht, dorthin zu reisen.

Mutter hat am Ende nicht mehr gehadert. Sie habe ein glückliches Leben gehabt und könne in Frieden damit abschließen. Ich habe es nicht geglaubt. Offensichtlich konnte sie etwas, was ich erst nach und nach schmerzlich lernen musste: das Loslassen – von allen Plänen, allen Vorstellungen, allen Sicherheiten.

Vermutlich hatte auch sie es mit Hadern und unter Schmerzen gelernt: dass Leben mehr ist als das, was wir uns darunter vorstellen, was wir planen und absichern können. Dass Leben mehr an Möglichkeiten bietet, als wir in unserem Blickfeld haben.

Und vielleicht hat ja Glück nichts damit zu tun, dass wir am Ende das erreichen, was wir uns vorgestellt und gewünscht haben? Hatte Mutter nicht auch Glück gelebt? Hatte sie nicht inmitten aller Mühen unzählige Glücksmomente in unser Leben gezaubert?

Wie viele Bauerntöchter ihrer Generation wurde auch sie nicht gefragt, was sie einmal werden wolle. Fast allen war es in die Wiege gelegt, nach ein paar Jahren Volksschule zu Hause mitzuarbeiten, wo sie gebraucht wurden, um die Betriebe aufzubauen, dann auf andere Höfe einzuheiraten und sich den dortigen Gepflogenheiten unterzuordnen.

Viele Wünsche blieben unerfüllt. Sie lagen weit außerhalb der Welt ihrer Kindheit und Jugend, weit außerhalb dessen, was in ihrem Elternhaus möglich war. Auf dem Hof, im Stall, auf dem Acker und in den Weinbergen waren kräftige Hände gefragt – keine zarten feingliedrigen Klavierspielerfinger. Diese waren verpönt und gehörten zu einer schöngeistigen Welt, zu Menschen, die sich ihre Finger nicht schmutzig machen mussten.

Mutter hat ihr Leben innerhalb des gesteckten Rahmens selbst eingefädelt. Sie war gerne Bäuerin, liebte die Arbeit im Haus, im Garten, im Stall, auf den Feldern und in den Weinbergen. Arbeit gab es genug, sie hörte nie auf und fing dann wieder von vorne an.

Aber hätte der Rahmen nicht wenigstens ein bisschen großzügiger sein können? Warum hat sie sich nicht mehr Freiheiten zugestanden? Nur, weil es verpönt war, tagsüber auf dem Sofa liegend überrascht zu werden? Ob man denn krank sei oder nichts zu arbeiten hätte, waren die Fragen der plötzlich in der Stube stehenden Besucher, die einen beim Mittagsschläfchen überraschten.

Entweder krank oder alle Arbeit erledigt, das waren die einzig denkbaren Anlässe, um sich tagsüber auszuruhen.

Als sie krank war, ging es auch ohne sie. Kein Grashalm blieb liegen, keine Traube blieb hängen, allein weil sie bei Heu- und Traubenernte nicht mehr dabei war.

Wenn im Angesicht des Todes so viel Undenkbares plötzlich denkbar wird, warum dann nicht auch im Angesicht des Lebens? Und ich nahm mir vor, all das, was mir wichtig war, zu tun und nichts auf irgendwann einmal zu verschieben.

Zugegeben, im Gegensatz zu meiner Mutter bin ich in einer anderen, privilegierten Generation aufgewachsen. Mir kam das zugute, was die Generation meiner Mutter für ihre Töchter erkämpft hat. Sie wollte uns all das, was sie entbehren musste, ermöglichen. Gute Ausbildungen und etwas sehen von der Welt.

Bei der hauswirtschaftlichen Meisterprüfung habe ich, zwei Jahre nach ihrem Tod, im Vorgarten des Prüfungsbetriebes eine Rabatte mit gelben Stiefmütterchen bepflanzt. Mit Tränen in den Augen, weil sie so schön leuchteten und weil sie Mutter und Oma gefallen hätten. Drei Jahre später bei der landwirtschaftlichen Meisterprüfung musste ich an einer Hochdruckpresse für Heu- und Strohballen das Bindegarn einfädeln. Vor Augen hatte ich, wie Mutter mir das Einfädeln des Fadens an der Nähmaschine erklärt hatte, samt Regulierung von Ober- und Unterspannung. Hier war es statt feiner Amann-Nähseide das Sisalgarn, das bei uns in der Scheune in einem Strang an einem Nagel hing, die Knoten immer links.

Wenngleich auch ich mir die Zeit für meine Reisen erkämpfen musste, habe ich in den folgenden Jahren die Weltmeere einige

Male überflogen. Bin mit den Schwalben gen Süden geflogen und jedes Mal lange vor ihnen wieder zu Hause gewesen.

Ich habe in Südamerika Indios auf den kargen Hochflächen der Anden Kartoffeln ernten sehen. Es waren viele Menschen auf den steilen Hängen. Männer und Frauen in bunten Ponchos, die vorneweg die Kartoffeln mit kurzstieligen Hacken aus dem Boden holten, und dahinter ganze Scharen, die die Kartoffeln aufgesammelt und in weiße Plastiksäcke gefüllt haben. Dazwischen spielende Kinder. Am Rande des Feldes gab es ein Feuer, in dem Kartoffelkraut verbrannt wurde und Kartoffeln für das Mittagessen geröstet wurden.

In der Sahelzone Afrikas wurde ich Zeugin vom mühsamen Versuch der Fulbe, in glühender Hitze dem ausgetrockneten Land ausreichend Futter für ihre Tiere abzugewinnen.

Ich habe nahe der Südspitze Indiens Kokospalmen gepflanzt, in der Hoffnung, sie mögen die Stürme, Monsun- und Trockenzeiten überstehen und in einigen Jahren Früchte tragen.

Bei den Bauern in Südamerika, Afrika und Indien, den Weinbauern in Portugal oder bei den Niagara-Fällen in Kanada – ich hätte mich überall einordnen können, auch ohne die Sprache der Menschen zu verstehen. Ich hätte mich einordnen können, weil ich mich den Menschen nahe fühlte, die, egal wo auf der Welt, Gras, Getreide und Kartoffeln wachsen sehen oder Kälbern auf die Welt helfen.

Und nach jeder Reise liebe ich es, wieder heimzukommen. So wie die Schwalben nach ihrer Ankunft mit freudigem Gezwitscher über die Dächer flogen, um ihre alte Heimat neu zu erkunden, so freue ich mich bei jedem Heimkommen neu über das fruchtbare

Grün meiner Heimat und beglückt atme ich den Duft des Heus auf Wiesen und in der Scheune, den erdigen Geruch der Rüben im feuchten Keller und die Wärme der Kühe im Stall ein. Dann wird mir bewusst, wie viele Farben, Töne, Klänge und Gerüche ich gesammelt habe, aus denen ich schöpfen kann, die sich immer wieder neu zusammenfügen zu Bildern mit Erfahrungen meiner Kindheit. Viele Erinnerungen gehören dazu: der erste Ruf des Kuckucks im Frühjahr, die hohen Wolken im Sommer, der Morgennebel über herbstlichen Wiesen. Heimat sind Linsen mit Spätzle, der schwäbische Dialekt, die Lieblingslieder der Mutter, das Gutenachtgebet und das Aroma von Heu und frisch gebackenem Brot.

Wenn ich heute aus der zeitlichen Entfernung zurückblicke, so bleibt eine lange Dankbarkeitsliste: Ich bin dankbar für dieses tiefe Heimatgefühl, für den Ort meiner Kindheit und für mein Elternhaus, das mir ein Grundvertrauen ins Leben gegeben hat. Das Vertrauen, mit dem umgehen zu können, was das Leben bringt. So wie ich es unzählige Male erlebt habe. Egal, ob eine einzige späte Frostnacht die ganze Traubenernte vernichtete, ein Hagelschlag einen Teil der Getreideernte oder ob eine Kuh notgeschlachtet werden musste – am Abend wurde wieder gemolken, am Morgen danach in den Weinbergen und auf den Feldern weitergearbeitet.

Dieses unerschütterliche Grundvertrauen hat mich später durch einen weiteren schweren Schicksalsschlag getragen. Die Gewissheit, dass der Boden unter meinen Füßen trägt, auch wenn er noch so bedrohlich erschüttert wird, hat mich stark gemacht und mir geholfen, selbst in Sturmfluten nicht unterzugehen.

Mich begleitet im Leben das Gefühl, mit tiefen Wurzeln ausgestattet worden zu sein, die in aller Ruhe wachsen konnten, zwischen den Baumwiesen in der Gelsten und den Weinbergen in der Sommerhälde, und gleichzeitig mit tragfähigen Flügeln, die uns Mutter mit ihren Träumen und Erzählungen ganz nebenbei als kleine Samenkörner ins Herz gelegt hat.

Ich bin dankbar für das Vorbild meiner Eltern, die ihre Arbeit angepackt haben, ohne zu klagen, und daraus die Befriedigung gezogen haben. Nach allem jugendlichen Widerstand begleitet mich eine positive Einstellung zu allem, was Mühe macht. Den unmittelbaren Zusammenhang von Mühe und Glück, Anstrengung und Muße habe ich fest in mir verinnerlicht. Kein Designerbad in Sternehotels kann dem Genuss der Regenschlauch-Dusche nach dem Stapeln des letzten Strohballens unter dem Scheunendach auch nur annähernd nahekommen.

Und ich bin heute froh, das Sparen schon mit der Muttermilch aufgesogen zu haben. Haushalten können, sparsam mit Ressourcen umgehen zu können – das verleiht mir eine innere Sicherheit. Ich kann den Überfluss, in dem ich heute lebe, jeden Tag genießen. Aber ich weiß, ich brauche ihn nicht zu meinem Glück.

Noch heute schwingen Mutters Worte in meinen Ohren nach, mit denen sie uns vor dem Kauf von kurzlebigem Ramsch warnte. Und ich sehe Vater noch vor meinen Augen, wie er über den Hof geht und sich nach einem Weizenkorn bückt.

Für beides achte ich meine Eltern bis heute.

Dank

Ich danke allen, ohne die es diese Geschichten nicht gäbe: meinen Eltern, Schwestern, meiner Oma, den Verwandten, den Nachbarn und den Botenheimern.

Allen, die mir bei der Entstehung dieses Buches mit Rat und Tat zur Seite standen und deren Namen ich nicht einzeln aufzählen kann, weil es so viele sind.

Denen, ohne die dieses Buch nie fertig geworden wäre:

Den Bauerntöchtern, die mit ihren Geschichten unendlich viele Facetten dieses Themas beschrieben und damit viele Erinnerungen erst wieder wachgerufen haben.

Meiner Freundin Lea Renate Söhner für ihr scharfsinniges Aufspüren unnötiger Sätze.

Meinem Partner Roland Gläser dafür, dass er mir immer wieder liebevoll und schonungslos den Spiegel vorgehalten hat, für das Finden von Fehlern und der richtigen Worte. Und nicht zuletzt für seine ermunternden Worte, mit denen er mich am Dranbleiben hielt.

„Das publizistische Werk von Ulrike Siegel hat historische Dimensionen: Erstmals wurde darin die Lebenswelt des Bauernhofes von innen beleuchtet. Sie gibt Einblicke in das Landleben in einer entscheidenden Übergangsepoche und hat damit Zeitdokumente geschaffen, die ein wichtiges Stück Geschichte anschaulich machen."

Bernd Hüttner, Politologe Bremen

15 Jahre
Bauerntöchter erzählen ihre Geschichte

Der Jubiläumsband mit den besten Geschichten

Ulrike Siegel

384 Seiten | 17 x 22 cm

Hardcover mit Leineneinband und Lesebändchen

ISBN 978-3-7843-5584-9

Von der eigenen Existenz in der Landwirtschaft bis hin zur Auswanderung

Dieser Jubiläumsband besteht aus 44 Lebensgeschichten von Frauen, die in den 60er und 70er Jahren auf einem Bauernhof aufgewachsen sind. Ihre Geschichten haben nach der Veröffentlichung vor rund 15 Jahren große Aufmerksamkeit erlangt und laden zum Erinnern und Nachdenken ein. In diesem Band melden sie sich nochmals mit der Beschreibung ihrer aktuellen Lebenssituation zurück.

BuchWELTshop.de

MIX
Papier | Fördert gute Waldnutzung
FSC® C014496

Impressum

LV.Buch im Landwirtschaftsverlag GmbH, 48084 Münster

3. Auflage 2024

Titelgestaltung: Karla Breilmann, LV MediaPro
Satz: Anne Gäng, LV MediaPro
Illustration: thedafkish/istockphoto.com
Autorenporträt: Claudia Fy, www.claudiafy.de
Lektorat: Dorothea Raspe
Herstellung: LV MediaPro im Landwirtschaftsverlag GmbH,
Anja Luszek-Hoffmann (Ltg.), Ingo Feyka
Druck: GGP Media GmbH, Pößneck
ISBN 978-3-7843-5583-2